解讀南懷瑾

人生與內心的 禪意旅程

金文 著

樂律

地萬物，隨南懷瑾以禪意直面生命無常，
往與和諧

| 用心去感悟，禪意無處不在
| 放下即是解脫，平凡亦是非凡
| 尋回心靈的光，繁忙人生行雲流水

跟隨南懷瑾先生的步伐，探尋禪宗精髓
拂去貪欲與嗔怒，邁向無憂自在的生活

目錄

序言

第一章　真正的信仰
　　心不同，眼也不同 …………………………… 014
　　心燈是無形的智慧 …………………………… 019
　　信仰是生命的主心骨 ………………………… 022
　　真理合一，殊途同歸 ………………………… 026
　　天行健，君子以自強不息 …………………… 030
　　撒播愛和真理的種子 ………………………… 034
　　真正的信仰在於心靈的恭敬 ………………… 037

第二章　用心去感悟，禪意無處不在
　　平平凡凡才是真 ……………………………… 044
　　擁有一顆平常心 ……………………………… 048
　　用心去感悟，禪意無處不在 ………………… 052
　　海納百川緣於謙卑 …………………………… 056

偉大源自平凡……………………………… 060
人人平等，不必妄自菲薄………………… 064

第三章　修心是紅塵煉心

佛是能磨洗出來的嗎？……………………… 072
心為修行初渡頭…………………………… 074
保持一顆清淨純潔的心…………………… 077
不要被一切現象所迷惑…………………… 080
別讓偶像占據心田………………………… 082
世間的事理，一通百通…………………… 085
敲不開門的文字磚………………………… 088
迷失時轉回內心的港灣…………………… 092

第四章　悟性是打開智慧之門的鑰匙

心境沒有界限……………………………… 098
如何到達智慧的彼岸？…………………… 101
悟性是打開智慧之門的鑰匙……………… 103
起疑才能有悟……………………………… 105
何為大徹大悟？…………………………… 107

願心，才是般若的源頭⋯⋯⋯⋯⋯⋯⋯⋯⋯111

無我忘我的境界⋯⋯⋯⋯⋯⋯⋯⋯⋯⋯⋯114

第五章　心存善念，行善性

娛樂至上的時代，找回一顆大悲心⋯⋯⋯120

慈是濁世一盞燈⋯⋯⋯⋯⋯⋯⋯⋯⋯⋯⋯124

隨時惦念天下蒼生⋯⋯⋯⋯⋯⋯⋯⋯⋯⋯128

心存善念，行善性⋯⋯⋯⋯⋯⋯⋯⋯⋯⋯131

「施」比「受」更有福⋯⋯⋯⋯⋯⋯⋯⋯135

生命的延長線──育才之道⋯⋯⋯⋯⋯⋯139

第六章　世上沒有過不去的障礙

如何才能頓悟？⋯⋯⋯⋯⋯⋯⋯⋯⋯⋯⋯146

樸實平和地面對生活點滴⋯⋯⋯⋯⋯⋯⋯148

世上沒有過不去的障礙⋯⋯⋯⋯⋯⋯⋯⋯151

苦海需自救⋯⋯⋯⋯⋯⋯⋯⋯⋯⋯⋯⋯⋯154

莫看船兒無底，有心就能渡河⋯⋯⋯⋯⋯157

看腳下，看今生⋯⋯⋯⋯⋯⋯⋯⋯⋯⋯⋯161

以出世之心，為入世之事⋯⋯⋯⋯⋯⋯⋯165

第七章　貪欲是痛苦的根源

人生痛苦的最大根源 —— 貪欲 ······ 170
追求幸福正是幸福的阻礙 ······ 176
嗔怒是把雙刃劍 ······ 181
紅塵顛倒不成佛 ······ 185
呆痴是智者的樸素外衣 ······ 189
化傲慢為謙卑 ······ 193

第八章　放下即是解脫

天下本無事，庸人自擾之 ······ 200
愚人自縛，自綁天足 ······ 203
人生本無常，何必太執著 ······ 206
要拿得起，也要放得下 ······ 210
苦海無邊，回頭是岸 ······ 214
破除糾結最好的法門：活在當下 ······ 219
讓放下成為一種生活方式 ······ 222

第九章　尋回失落已久的靈性

勿讓虛妄遮蔽了真心 ······ 228
像孩子一樣快樂無憂 ······ 232

出淤泥而不染⋯⋯⋯⋯⋯⋯⋯⋯⋯⋯⋯ 235

讓個性在歲月中自然流露 ⋯⋯⋯⋯⋯⋯ 237

認真是生活姿態⋯⋯⋯⋯⋯⋯⋯⋯⋯⋯ 240

花和尚真性情⋯⋯⋯⋯⋯⋯⋯⋯⋯⋯⋯ 243

第十章　行雲流水快活人生

怎樣才是真正的清醒？⋯⋯⋯⋯⋯⋯⋯ 248

生命的價值在於奉獻 ⋯⋯⋯⋯⋯⋯⋯⋯ 251

不完滿，才是人生⋯⋯⋯⋯⋯⋯⋯⋯⋯ 254

生命當如不繫舟 ── 隨遇而安⋯⋯⋯⋯ 257

找回自己的本真個性⋯⋯⋯⋯⋯⋯⋯⋯ 261

行雲流水，順其自然⋯⋯⋯⋯⋯⋯⋯⋯ 264

一切隨緣，淡看生死⋯⋯⋯⋯⋯⋯⋯⋯ 268

目錄

序言

　　人整天忙碌，為的是生活，生活離我們很近，不管如何逃避，現代的繁華、都市的訴求、漂泊後的迷茫都紛至沓來。任憑你躲閃有術，也很難擦身而過，總是被生活瑣事牽絆，讓心靈不由自主。人生的痛苦往往源於對物質的貪欲，然而物質可以豐富生活，卻也會枯萎心靈、閉鎖智慧。每天的生活，完全在一種不自覺的意識下被向前推動著。善惡是非的標準，都是社會共同的約定，沒有個人心智的真正自由，所以人們往往感覺到，雖然擁有了前人所夢想不到的物質生活，卻也失去了最寶貴的心靈自我。這無疑是現代人類的悲劇。

　　人們逐漸地覺察到這個危機，也曾設想了許多補救的辦法，社會哲學家也提出了改良的方案，雖有部分改善，但是對整個氾濫的洪流，似乎仍無濟於事。

　　事實上，人生的煩惱都是自找的，當心靈變得博大，空靈無物，猶如倒空了的杯子，便能恬淡安靜。倘若人的心靈能無分別心、愛憎心、取捨心、得失心，便能如蓮花與日月，超然平淡、快樂、祥和。水往低處流，雲在天上飄，一切都自然和諧地發生，這就是平常心。擁有一顆平常心，人生如行雲流水，回歸本真，這便是參透人生，便是禪。

序言

　　禪是佛教的一種思想，其大意是放棄用已有的知識、邏輯來解決問題。認為真正最為容易且最為有效的方法，是直接用源於自我內心的感悟來解決問題，尋回並證入自性。其理論認為這種方法不受任何知識、任何邏輯、任何常理所束縛，是真正源於自我的，所以也是最適合解決自我問題的。也就是說可以把禪理解為一種最為簡單也最為有效的解決問題的方法。因此，禪，這個神妙的東西，一旦在生活中發揮功用，則活潑自然，不受欲念牽累，到處充滿著生命力，正可以扭轉現代人類生活意志的萎靡。作為中國佛教的一大宗派，禪宗以其獨特的人生態度、價值觀念、審美情趣和思考方式，曾對古代社會的朝野人士，尤其是士大夫階層產生極為深廣的影響，使之與中國思想文化史結下了不解之緣。研究禪宗的形成、發展和演化，探求它在各個時期的特點，也因而成了學術研究領域的一大課題。

　　一代國學宗師南懷瑾先生，出身於世代書香門第，自幼飽讀詩書，遍覽經史子集，為其終身學業打下了扎實的基礎；而其一生從軍、執教、經商、遊歷、考察、講學的人生經歷又是不可複製的特殊經驗，使得先生對國學鑽研精深，體認深刻，於中華傳統文化之儒、道、佛皆有造詣，更兼通諸子百家、詩詞曲賦、天文曆法、醫學養生等等，對西方文化亦有深刻體認，近年來享譽國內外。

南懷瑾先生的學說，恰如春風化雨，深入淺出；從精深的儒釋道思想入手，結合現代生命科學的研究方式及成果，層層揭開了禪宗、淨土、禪淨雙修等諸多修行法門的神祕面紗，用平實樸素的語言向普通大眾講述了禪與生命的真相及意義：修煉自身清潔內心，內心有了一定的廣度與深度，才能和別人相處得更好，自己的幸福也因此而來。

　　於艱難困苦處我們平靜生活，在繁華精采中我們獨自沉思。禪並不是棄置生活上的情趣，確切地說，它超越了「五欲六塵」，而企圖獲得更實在的和諧與寂靜。他一樣地穿衣，一樣地吃飯，「任性逍遙，隨緣放曠，但盡凡心，別無聖解」。如有僧問道於趙州禪師，趙州回答他說：「吃茶去！」吃飯、洗缽、灑掃，無非是道，若能會得，當下即得解脫，何須另外用功？迷者口唸，智者心行，向上一路，是凡聖相通的。禪，不是供我們談論研究的，禪是改善我們生活的，有了禪，就有了富有大千的生活！

　　人生在世，煩惱不斷，何以解憂？雖不必人人吃齋念佛，但修心養性確是普遍伴隨人一生的。禪恰是我們內心的火柴和蠟燭，當我們用智慧點燃這盞禪燈的時候，我們的內心也會被光明和溫暖充滿。本書融會典籍中的各類故事、南先生的發散點評等自成一文，從人們最關心的幾個問題出發，為迷茫的人們指出心靈的歸宿。

序言

　　心燈是無形的智慧，是活潑的響應能力，是能克服煩惱、使人自在的正向心志，我們需要這樣的溫暖和光明。讓我們追隨南先生的腳步，感悟新的人生，體會平凡背後無盡的絢爛吧。

第一章
真正的信仰

第一章　真正的信仰

心不同，眼也不同

　　須菩提！於意云何？如來有肉眼不？如是，世尊！如來有肉眼。

　　須菩提！於意云何？如來有天眼不？如是，世尊！如來有天眼。

　　須菩提！於意云何？如來有慧眼不？如是，世尊！如來有慧眼。

　　須菩提！於意云何？如來有法眼不？如是，世尊！如來有法眼。

　　須菩提！於意云何？如來有佛眼不？如是，世尊！如來有佛眼。

——《金剛經》

　　這是佛學裡佛法的五眼，五種眼睛的分類，文字都差不多。都是佛先提出來問，「須菩提！於意云何？」你的意思怎麼樣呢？佛有沒有肉眼、天眼、慧眼、法眼、佛眼？須菩提就相應地答應世尊：如來有肉眼、天眼、慧眼、法眼、佛眼。

　　這是三藏佛經十二種分類之一種，「自說」，就是佛祖他自己開始講，不是人家提出來問的。

　　南懷瑾先生說，《金剛經》這裡沒有講「佛」字，而講「如來」。「如來」這個名詞代表形而上的道體，一切眾生同於諸佛菩

薩心性之體，就是生命的根源。他說這個裡頭有五種功能，所以叫做五眼。

聽了南懷瑾通暢的解法，我歸納之：人有身體的肉眼、魂的心眼以及靈裡的天眼。這三眼在筆者看來正對應黃龍三關的山水之境：在肉眼看來，見山就是山，見水就是水；在心眼看來，見山不是山，見水不是水；在天眼看來，見山還是山，見水還是水。王國維在《人間詞話》中提到，古之成大事業、大學問者，必經過三種人生境界——第一種境界：昨夜西風凋碧樹，獨上高樓，望盡天涯路。第二種境界：衣帶漸寬終不悔，為伊消得人憔悴。第三種境界：眾裡尋他千百度，驀然回首，那人卻在，燈火闌珊處。

以上雖是三種不同角度的分法，卻暗藏共同的道理。能提供我們人生很多新的啟示。

道家的《陰符經》就說：眼者心之機。肉眼跟心是連帶一起的，所以很多的經典，心與眼同論，在講到心的道理時，先提到眼。譬如儒家亞聖孟子講到觀察人，特別要觀察眼睛。

肉眼為父母所生，也就是我們現在的眼睛。眼是心的開關，肉眼能看見物質世界，我們一切的感覺、知覺，都經由它而來。所以心與眼的關係非常密切。

任何人都有眼睛，但是每一雙眼睛所看的都不同。因為有人是散光，有人是近視，有人是一隻眼睛近視，一隻眼睛散光，

第一章　真正的信仰

有人是色盲，各式各樣不同。一切眾生的心不同，眼也不同。

有句俗話道：人心不同，各如其面；每個人思想不同，就像人的面孔不同一樣。世界上的人類，沒有面孔相同的，因此說明世界上的人，心裡想法也沒有相同的，眼睛的看法，也沒有盡相同的。

肉眼牽連著我們的心眼，我們的心眼若放寬了，肉眼也就能見到美妙的禪境。但超越肉眼和心眼的則是天眼，心眼太狹隘，就會矇蔽我們的天眼。佛教塑像表現天眼，是把塑的佛像多塑一隻眼睛，以代表天眼，也代表了慧眼。天眼對接的是真理的光。天眼能見肉眼所不能見，天眼的能力是超乎物質世界的，譬如說看到鬼魂、看到天神，甚至於看到其他的世界。

天眼不是多長出一隻眼睛來，是肉眼的本身，有了另一種功能。得天眼通的人，也與我們普通人一樣，但是他自然會看到多重的世界。

肉眼是觀看物質世界通常的現象，天眼則能夠透視到肉眼所不能見到的世界；所以天眼是定力所生，是定中所得的神通力量。當人的生命功能充沛到極點時，可以穿過一切物理的障礙，就是所謂的神通。

有一次，道吾禪師問雲巖禪師：「觀世音菩薩有千手千眼，請問你，哪一個眼睛是正眼呢？」

雲巖禪師說：「如同你晚上睡覺，枕頭掉到地下去時，你沒

睜開眼睛,手往地下一抓就抓起來了,重新睡覺,請問你,你是用什麼眼去抓的?」

道吾禪師聽了之後,說:「喔!師兄,我懂了!」

「你懂什麼?」

「遍身是眼。」

雲巖禪師一笑,說:「你只懂了八成!」

道吾禪師疑惑地問:「那應該怎麼說呢?」

「通身是眼!」

「遍身是眼」,這是從分別意識去認知的;「通身是眼」,這是從心性上、無分別智慧上體現的。我們有一個通身是眼的真心,為什麼不用它觀照一切呢?

雲巖禪師正在編織草鞋的時候,洞山禪師從他身邊經過,一見面就說道:「老師!我可以跟您要一樣東西嗎?」

雲巖禪師回答道:「你說說看!」

洞山禪師不客氣地說道:「我想要你的眼珠。」

雲巖禪師很平靜道地:「要眼珠?那你自己的眼珠呢?」

洞山禪師道:「我沒有眼珠!」

雲巖禪師淡淡一笑,說:「要是你有眼珠,如何安置?」

洞山禪師無言以對。

雲巖禪師此時才非常嚴肅地說道:「我想你要的眼珠,應該

第一章　真正的信仰

不是我的眼珠，而是你自己的眼珠吧？」

洞山禪師又改變口氣道：「事實上我要的不是眼珠。」

雲巖禪師終於受不了這種前後矛盾的說法，便對洞山禪師大喝一聲道：「你給我出去！」

洞山禪師並不訝異，仍非常誠懇地說道：「出去可以，只是我沒有眼珠，看不清前面的道路。」

雲巖禪師用手摸一摸自己的心，說道：「這不早就給你了嗎？還說什麼看不到！」

洞山禪師終於言下醒悟。

洞山禪師向別人要眼珠，這是很怪異的事，就算高明如雲巖禪師，起初也只能告訴他眼睛長在自己額頭上，為什麼向別人要呢？最後知道洞山禪師要的不是「肉眼」，雲巖禪師提示出「心眼」的妙道，洞山禪師才有所悟。

肉眼，是觀看世間萬象長短、方圓青紅赤白的，這種觀看只是表面的、生滅的、現象的，而天眼能觀察宇宙萬有的本體，這種觀察是普遍的、裡外如一的，難怪洞山禪師雖有肉眼，仍看不清前面的道路，此道路即自己的本來面目，即成佛的目標，當雲巖禪師告訴他心眼的妙用，洞山禪師就醒悟了。

佛眼與天眼是相通的，是智慧的醒覺，看到眾生平等。但佛眼不只是平等，而是觀一切眾生只有慈悲、只有慈愛。慈悲是兩個觀念組合起來的佛學名詞，慈是父性，代表男性的愛，

至善的愛；悲代表了母性至善的愛，慈悲是父母所共性的仁德。是至善，是無條件的、平等的，所以叫大慈大悲。

佛眼看來，一切眾生皆值得憐憫，所以要布施眾生、救眾生，這也就是佛眼的慈悲平等。肉眼、心眼與天眼，佛眼一通則百眼通。關鍵是你要睜開了眼看。

心本絕塵何用洗，身中無病豈求醫。

欲知是佛非身處，明鏡高懸未照時。

── 唐・龜山智真

心燈是無形的智慧

南懷瑾先生講，在他小的時候，有一位老前輩就問他，你曉不曉得世界上有一個吹大牛講大話的人是誰。他說不知道。那位老前輩說：是釋迦牟尼佛！他所說三千大千世界這個數字，無量無邊，誰能夠把它對立破得了？那真是摸不到邊，大極了。

什麼是三千大千世界呢？一千個太陽系這樣的世界，叫做一個小千世界，一千個小千世界，叫做一個中千世界，再把一千個中千世界加起來，叫做一個大千世界。

釋迦牟尼佛說這個虛空中，有三千個大千世界。實際上不止三千大千世界，而是不可知、不可數、不可量那樣多。

第一章　真正的信仰

　　三千大千世界，無窮無盡，不可想像，有無數奧祕神奇的事物，其實，我們的內心更是一個極其神祕的世界。心靈的空間有無限大，窮盡一生之力，我們也不能探出個究竟。

　　可是說到這大小之辨，果真有那麼玄乎嗎？我們的心既然像個小宇宙，是不是隻能永遠空虛呢？不，我們有的僅僅是小小一間心房，一根火柴，一支蠟燭，足以讓亮光充滿。

　　有位禪師為了測試他的三個弟子哪一個最聰明，就給了他們三人每人十文錢，讓他們想辦法用十文錢買來的東西裝滿一個巨大的房間。

　　第一個弟子反覆思考了很久之後，心想：「什麼才是市場上體積最大、價格最低的東西呢？」最後他跑到市場上，買了很多棉花。但是棉花買回來以後，只將這個房間裝了一半多一點。

　　第二個弟子與第一個弟子的思路非常相近，他也在反覆尋找市面上體積最大、價錢最便宜的貨物。最終他挑選了最便宜的稻草，但十文錢的稻草也只能將房間填滿三分之二。

　　輪到最後一個弟子了，前兩個弟子和禪師都等著看他的答案。只見他手上什麼東西也沒有地回來了。前兩個弟子感到非常奇怪，禪師卻在暗暗點頭。這個弟子請禪師和另外兩個弟子走進房間，然後將窗戶和房門緊緊地關上。整個房間頓時伸手不見五指，漆黑一片了。

　　這個時候，這個弟子從懷裡取出他僅花一文錢買的一支蠟

燭。他點燃了蠟燭，頓時漆黑的房間裡亮起一片昏黃的燭光。這片燭光雖然微弱，但是將房間的每一個角落都照到了。第三個弟子成功地僅用一文錢填滿了整個房間。

禪就是我們內心的火柴和蠟燭，當我們用智慧點燃這盞禪燈的時候，我們的內心也會被光明和溫暖充滿。心燈是無形的智慧，是活潑的響應能力，是能克服煩惱、使人自在的正向心志，我們需要這樣的溫暖和光明。

人最忌諱的就是失去光明的心智，漸漸被黑暗的罪惡所包圍；對人來說最可怕的是貪婪、暴力和痴迷。這使人失去理性和情性。保持一顆清淨的心，知足常樂，才是得平安、收穫幸福果實的道路。

有一位青年活得十分痛苦，總覺得生活給予自己的太少，自己想要的東西總是難以得到。

有一天，他去訪問一位高僧。高僧見青年口渴，便端來一杯水給他，青年喝完水後，高僧問：「這杯水為你解渴了嗎？」

「解渴了。」青年回答。

高僧指著門前的一片池塘，問：「與那片池塘相比，這杯水少嗎？」

「當然少。」

「這一小杯水，能為你解渴；而那一大片池塘，卻不能解除天下的乾旱啊。」

青年聽後，恍然大悟。自己之所以活得痛苦，就是因為自己的心眼太大，這也想要，那也想要，而生活給予每個人的都是有限的，有時僅是一杯水，一杯水不能滿足人生過多的欲望，便心生出來許多痛苦。

其實，人生有時僅需一杯水就夠了。一杯水可以解渴，可以清心，可以映出我們快樂的笑臉。

不要被南懷瑾先生講的內容的精深博大所嚇倒，你所擁有的禪意、禪感，足夠你歡喜快樂，趕快擦亮你心中的火柴吧。讓自己發光，勝過埋怨一切黑暗。

一條青竹杖，操節無比樣。

心空裡外通，身直圓成相。

—— 宋・汾陽善昭

信仰是生命的主心骨

信仰就是你人生的暗夜燈塔，照耀你心鄉返航的路。有了燈塔，就不會迷路，你將一帆風順朝人生目標前進。

南懷瑾說，這就是信心不逆。要做到信心不逆，不是理論而是絕對的信心，這樣去修行，這個人所得的福報，才是最大的福報。

人生需要真正的信仰，信仰是人生路上的指路明燈，只有真正擁有堅定的信仰，才不致迷路走失，才能克服人生一切困境。在信仰裡，擺脫黑暗和恐懼。

每天晚上，雲居禪師都要去荒島上的洞穴裡坐禪。有幾個愛搗亂的年輕人想捉弄一下他，便藏在他必經的路上，等他過來的時候，一個人從樹上把手垂下來，扣在禪師的頭上。

年輕人原以為雲居禪師必定會嚇得魂飛魄散，哪知雲居禪師任年輕人扣住自己的頭，靜靜地站立不動。年輕人反而嚇了一跳，急忙將手縮回，此時，雲居禪師又若無其事地離去了。

第二天，這幾個年輕人一起到雲居禪師那兒去，他們向雲居禪師問道：「禪師，聽說附近經常鬧鬼，有這回事嗎？」

雲居禪師說：「沒有的事。」

「是嗎？我們聽說有人在夜晚走路的時候被鬼按住了頭。」

「那不是什麼鬼，而是村裡的年輕人。」

「為什麼這麼說呢？」

雲居禪師答道：「因為魔鬼沒有那麼寬厚暖和的手啊！」

他接著說：「臨陣不懼生死，是將軍之勇；進山不懼虎狼，是獵人之勇；入水不懼蛟龍，是漁人之勇；和尚的勇是什麼？就是一個『悟』字。連生死都超脫了，怎麼還會有恐懼感呢？」

是啊，連死都不怕了，還怕什麼呢？信仰是穿透生死迷霧的。雲居禪師是真正擁有信仰的人，所以他不再有對死亡的恐

第一章　真正的信仰

懼感了。尋覓那座高聳的燈塔，讓你的人生充滿亮光，你一定能順利到達港口。

弟子們疑惑地問禪師：「師父，您是怎麼把禾苗插得那麼直的？」

禪師笑著說：「這其實很簡單！你們插秧的時候，眼睛要盯著一個東西，這樣就能插直了！」

弟子們於是挽起褲管，喜滋滋地插完一排秧苗，可是這次插的秧苗，竟成了一道彎曲的弧形。

禪師問弟子們：「你們是否盯住了一樣東西？」

「是呀，我們盯住了那邊吃草的水牛，那可是一個大目標啊！」弟子們答道。

禪師笑著道：「水牛邊吃草邊走，而你們插秧時也跟著水牛移動，怎麼能插直呢？」

弟子們恍然大悟，這次，他們選定了遠處的一棵大樹，果然秧插得都很直。

不要只看著腳下，而應該制定一個固定的目標，像仰望滿天星斗一樣，收納那來自天上的光。信仰是一條返回心靈故鄉的路，體現在一點一滴的信心不逆上。

盲目地崇拜敬仰而不能體會所信仰的真義，是一件可悲的事。信仰，應當體現在用行動來實踐教義上，而不必拘泥於表面形式。真正的信仰是活出來，讓自己發光。

在一個寒冷的冬夜,有一個乞丐來找榮西禪師,哭訴道:「禪師,我的妻兒已多日粒米未進。我想盡我的一切努力讓他們溫飽,可是始終無法辦到。連日來的霜雪使我舊病復發,我現在實在是精疲力竭了,如果再這樣下去,我的妻兒都會餓死。禪師,您幫幫我們吧!」

榮西禪師聽後頗為同情,但是身邊既無錢財,又無食物,如何幫他呢?不得已只好拿出準備裝飾佛像的金箔說道:「把這些金箔拿去換錢應急吧!」

聽到榮西禪師的這個決定,弟子們都很驚訝,紛紛表示抗議:「老師!那些金箔是準備裝飾佛像用的,您怎麼能輕易地送給別人?」

榮西禪師非常平和地對弟子說:「也許你們無法理解,可是我實在是為尊敬佛陀才這樣做的。」

弟子們一時無法領悟老師的深意,憤憤地說道:「老師!您說是為了尊敬佛陀才這麼做的,那麼我們將佛陀聖像變賣以後用來布施,這種不重信仰的行為也是尊敬佛陀嗎?」

榮西禪師不再辯解,只是說:「我重視信仰,我尊敬佛陀,即使下地獄,我也要為佛陀這麼做!」

弟子們仍然不服,還是嘀咕個沒完。榮西禪師於是大聲斥責道:「佛陀修道,割肉餵鷹、捨身飼虎在所不惜,佛陀是怎麼對待眾生的?你們真的了解佛陀嗎?」

第一章　真正的信仰

迷茫的人生需要信仰的天光，真正的信仰是堅定不移的，不會因為各式各樣的外界條件而改變。信仰是你生命的主心骨。

看清了信仰之燈，就會處變不驚，穩操航向；寵辱看淡，就會獲得一份灑脫的心情。這份灑脫自在就是你精神的家園和心靈的故鄉了。在你人生的暗夜，你仰望到那座燈塔了嗎？

遇事詳觀察，勿行莽撞事。

否則恩愛隔，終生不堪苦。

—— 釋迦牟尼

真理合一，殊途同歸

南懷瑾先生說，耶穌的道、佛的道、穆罕默德的道、孔子的道、老子的道，哪個才是道？哪個道大一點，哪個道小一點呀？真理只有一個，不過呢，佛經有個比方，如眾盲摸象，各執一端。瞎子來摸象，摸到了那個像耳朵，認為象就是圓圓的；摸到尾巴的時候，認為象就是長長的。所以一般講眾盲摸象，各執一端，都是個人主觀的認知，以為這個是道，那個不是道。

那麼什麼才是道？你心中秉持的是哪條道？

有一位僧人向從諗禪師詢問真道是什麼。從諗禪師答道：「院牆外面的道路就是。」

僧人說：「我不是問這個。」

禪師反問：「你問的是哪個？」

僧人說：「大道。」

從諗禪師回答說：「大道通長安。」

西諺有雲：條條大路通羅馬。真理就是這座神聖之城羅馬，道路四面八方，各不相同，但最終還是通向一個中心。這就叫真理合一，殊途同歸。

一個年輕的大學生在拜訪峨山的時候問道：「你讀過基督教的《聖經》嗎？」

「沒有，試讀給我聽聽。」峨山答道。

學生打開《聖經》，翻到「馬太福音」，挑了數節讀道：「何必為衣裳憂慮呢？你想田野裡的百合花怎麼長起來？它也不勞苦，也不紡織，然而我告訴你們，就是所羅門極榮華的時候，他所穿所戴的，還不如這一朵花呢！……所以不要為明天憂慮，因為明天自有明天的憂慮……」

峨山聽了說道：「說這話的人，不論他是誰，我認為他是個已有所悟的人。」

學生繼續讀道：「求則得之，尋則見之，叩則開之。因為，不論何人，皆可求得，尋見，叩開。」

峨山聽了說道：「很好。說這話的人，不論是誰，我認為他是一個已距成佛不遠的人。」

第一章　真正的信仰

所以，南懷瑾先生告誡門外漢們說，學佛的人不應該犯這個錯。因為是無有定法可說，所以真正的佛法能包含一切，一切賢聖，皆以無為法而有差別。真理只有一個，沒有兩個，不過他知道真理的一點，認為這一點才是對的，其他就是錯的——其實是他錯了。

盲人摸象時，心中都在暗想一個問題：大象是什麼？只是，每人各執一點，都以為自己摸到了「大象」。真正到達了佛境界是包容萬像，也否定了萬象，也建立了萬象，這是佛境界。

釋迦牟尼到了晚年的時候，達到了極高的修為境界，其面容嫻雅而平靜，好像是皇家的象牙雕像。他的眼睛深邃、澄澈，顯露出他言行舉止所恪守的信條。他的智慧無所不包、無所不有。

他是一個王子，卻沒有任何一個王子能和他相比。因為在他左邊行走的是般若，右邊是愛，周圍是一片陽光。他的言辭睿智、犀利，即使那些原來抱有譏諷之意的人見到他後也會為之傾倒。沒有一個見到世尊的人不是這樣，而且，在他的面前人人都會沉溺於愛的大海裡。

有一次世尊托著大缽，來到一塊正犁著的田邊，遠遠地站著等候施捨。犁地的是個婆羅門，一見到世尊那乞食的樣子，就說：「我又耕地，又播種，然後才得食。你也應該耕地播種，閒者不應得食」。

「婆羅門，我也耕地，也播種。」世尊這樣答道。

「但是我們怎麼看不見尊敬的喬達摩的犁呀！」那個人輕蔑地說道。

世尊回答說：「我播下的種子是信仰，犁是理解，鞭子是溫柔，果實則是不生不死。這樣種地的人絕不再受痛苦的折磨。」

那個婆羅門倒了一碗奶糊（米粉和牛奶的混合物），遞給世尊，說：「請吃了這碗奶糊，因為您是一位偉大的播種者。」

這個人聽到真諦以後，再也無憂煩之事打擾，從此一心悟道。

不管是耶穌的道、佛陀的道還是孔子的道、老子的道……揭示的都是宇宙間的大智慧，他們都是偉大的播種者，像蒲公英一樣，逢風一起，就四處飄落。

他們播撒的是一顆顆有生命力的種子。這些本是同根生的種子，就是亙古以來，讓人離開黑暗，進入光明的信仰世界的種子。

我路碧空外，白雲無處閒。

世有無根樹，黃葉送風還。

——唐·疏山匡仁

第一章　真正的信仰

天行健，君子以自強不息

南懷瑾先生說，佛並不是權威，也不是主宰。佛這個主宰和權威，都是在自我心中。所以說一個人學佛不是迷信，而是正信。正信是要自發自醒，自己覺悟，自己成佛，這才是學佛的真精神。又說，如果你去拜拜祈禱一下，那是迷信的做法；想靠佛菩薩保佑自己，老實說，佛不大管你這個閒事，佛會告訴你保護自己的方法。這一點與傳統文化的精神是一樣的，自求多福，自助而後天助，自助而後人助。

雲門禪師對上堂的眾人說法：「我對你們只說一句話，乃是教你們直下承當。即使拈一毫而頓悟山河大地，也不過是剜肉作瘡。別去抓撈那些空洞的東西，要在自己腳下尋找，不做絲毫的理會，也不帶絲毫的遲疑。大丈夫做事應當獨自承當，不可受人欺慢。」

他又說：「你們不要只知道吃別人的口水，記住一大堆廢話，擔著無數老掉牙的古董到處行腳，而且不管驢唇馬嘴，四處誇耀自己什麼都懂。就是你能從早說到晚又怎麼樣？死後閻王面前他可不會聽你說。你們都是捨離父母、師長而出家，踏破草鞋，千里迢迢，在外面經冬歷夏的人。你們要小心，不要因為圖人一粒米而失掉半年糧。」

雲門禪師的話其實就是這個意思：一個人只有自己來承當

自己，才能真正走上解脫之路。沒有別的路了，你剩下的只有向你自己求救，打開自己的心門，點燃那盞心燈，讓自己成為自己的避難所。

有一個信者在屋簷下躲雨，看見一位禪師正撐傘走過，於是喊道：「禪師！普度一下眾生吧！帶我一程如何？」

禪師道：「我在雨裡，你在簷下，而簷下無雨，你不需要我度。」

信者立刻走出簷下，站在雨中，說道：「現在我也在雨中，該度我了吧！」

禪師：「我也在雨中，你也在雨中，我不被雨淋，因為有傘；你被雨淋，因為無傘。所以不是我度你，而是傘度我，你要被度，不必找我，請自找傘！」

說完，他便丟下這個人獨自走了。

自己有傘，就可以不被雨淋，自己有真如佛性，應該不被魔迷。雨天不帶傘想別人助我，平時不找到真如自性，想別人度我——自家寶藏不用，專想別人的，豈能稱心滿意？自傘自度，自性自度，凡事求諸己，禪師不肯借傘，這就是禪師的大慈悲了。

不禁想起釋迦牟尼佛在涅槃前，曾說：「以自己為島嶼、為舟航、為明燈。」是多麼肯定「自皈依」和自己拯救自己的力量啊。

第一章　真正的信仰

如果我們不能回到自身中來，反求諸己，認識、接納自己，轉而肯定、提升自己，找到安身立命之道及安心的法則，哪裡又有真正的皈依處呢？

道謙禪師與好友宗圓結伴參訪行腳，途中宗圓因不堪跋山涉水的疲睏，幾次三番地鬧著要回去。

道謙就安慰著說：「我們已發心出來參學，而且走了這麼遠的路，現在半途放棄回去，實在可惜。這樣吧，從現在起，一路上如果可以替你做的事，我一定為你代勞，但是只有五件事我幫不上忙。」

宗圓問道：「哪五件事呢？」

道謙非常自然地說道：「穿衣、吃飯、排便、撒尿、走路。」

宗圓終於言下大悟，從此再也不說辛苦了。

諺語說：「黃金隨著潮水流來，你也應該早起把它撈起來！」世間沒有不勞而獲的成就，萬丈高樓從地起，萬里路程一步始，生死煩惱，別人絲毫不能代替分毫，一切都要靠自己啊！即使是天皇老子，也不是要你什麼都不做，眼巴巴等待援助之手啊。

天帝對一人講：「在你危難時，我可以救你三次。」

事後這個人果然遇到了危難，他被困在洪水之中。

突然，一條渡船經過，船上的人說：「上來吧！」

他說：「天帝會管我的。」

過了一段時間，漂來一段圓木，上面有人喊：「上來吧！」

他說：「天帝會管我的。」

又過了好長時間，一隻大木盆遠遠漂來，他想去抓，轉念想：「天帝會管我的。」

最後，他終於支撐不住落水淹死了。他的靈魂去找天帝，問：「你為什麼說話不算數？」

天帝講：「我講話是算數的，已救你三次，可惜你缺乏悟性，在劫難逃。」

南懷瑾說，沒有一個方法可使一切眾生皆入涅槃中，因為自性自度，佛也不能度你。佛不過是自度的過來人；一切明師只是把整個經過的經驗告訴你。人畢竟要自度，一切眾生皆要自度。

古語有云：天行健，君子以自強不息。自強不息，即是自己拯救自己，有了自救的願望，才會奮起努力，克服一切困難，征服所有阻礙，老天自然就會暗中幫助你了。

歸根結柢，還是要你先發起自助的這個願心。自我承當，直面現實，那才是像釋迦牟尼佛一樣的偉大作為。

四威儀內不曾虧，今古初無間斷時。

地獄天堂無變異，春回楊柳綠如絲。

—— 唐・香嚴智閑

撒播愛和真理的種子

南懷瑾先生指出，佛學裡有淨土，有穢土，我們這個娑婆世界算穢土，阿彌陀佛西方極樂世界是淨土。他又解釋常寂光土說，這個土已經不是土地，不是物質，而是說，在那個境界裡，永遠都是快樂的、清淨的、寂滅的。

這是心靈境界上的土，是人人都渴望居住其中的桃花源。而我們這個娑婆世界有煩惱，有快樂，有悲痛，有灑脫，百味叢生。

陽春三月，弟子們坐在禪師周圍，等待著師父告訴他們人生和宇宙奧祕。

禪師一直默默無語，閉著眼睛。突然他向弟子們問道：「怎麼才能除掉曠野裡的雜草？」

弟子們目瞪口呆，沒想到禪師會問這麼簡單的問題。

一個弟子說：「用鏟子把雜草全部剷掉！」禪師聽完微微笑著點頭。

另一個弟子說：「可以一把火將草燒掉！」禪師依然微笑。

第三個弟子說：「把石灰撒在草上就能除掉雜草！」禪師臉上還是那樣的微笑。

第四個弟子說：「他們的方法都不行，那樣不能除根的，斬草就要除根，必須把草根挖出來。」

弟子們講完後，禪師說：「你們講得都很好，從明天起，你們把這塊草地分成幾塊，按照自己的方法除去地上的雜草，明年的這個時候我們再到這個地方相聚！」

第二年的這個時候，弟子們早早就來到了這裡。原來雜草叢生的地已經不見了，取而代之的是金燦燦的莊稼。弟子們在過去的一年時間裡用盡了各種方法都不能除去雜草，只有在雜草地裡種莊稼這個方法取得了成功。他們圍著莊稼地坐下，莊稼已經成熟了，可是禪師卻已經仙逝了，那是禪師為他們上的最後一堂課，弟子們無不流下了感激的淚水。

要想除掉曠野裡的雜草，只有一種方法，那就是在上面種上莊稼。要想心靈不荒蕪，唯一的方法就是修養自己的心靈。一分耕耘，一分收穫。在歲月的車輪如翅膀一樣扇過之後，你將收割一茬茬金黃稻穀。

種瓜得瓜，種豆得豆。播下良善的種子，即使遭受誤解、屈辱，也不要放棄。真相必將大白於天下，從來沒有紙包得住火的。時時為我們的心靈後花園澆水施肥，讓人生無論在任何風暴挫折之下，都能展示美麗的圖景。

白隱禪師就是心靈花園的一位辛勤守護人。

白隱禪師一向受到鄰居的稱頌，說他是位生活純潔的聖者。有一對夫婦，在他附近開了一家食品店，家裡有個漂亮的女兒。不經意間，兩夫婦發現女兒的肚子無緣無故地大了起來。

這事使兩夫婦頗為震怒，免不得要追問來由。女兒起初不肯招認那人是誰，但經一再苦逼之後，她終於說出了「白隱」兩字。

她的父母怒不可遏地去找白隱禪師理論，但是這位禪師只有一句話：「就是這樣嗎？」

孩子生下來，就被送給了白隱。此時，他已名譽掃地，但是他並不介意，只是非常細心地照顧孩子，他向鄰舍乞求嬰兒所需的奶水和其他一切用品。

事隔一年之後，這個沒有結婚的媽媽再也忍不下去了。她終於向她的父母吐露了真情：孩子的親生父親是一名在魚市工作的青年。她的父母立即將她帶到白隱那裡，向他道歉，請他原諒，並將孩子帶回。

白隱也只在交回孩子的時候輕聲說道：「就是這樣嗎？」

白隱禪師太令人讚嘆景仰，環視芸芸眾生，能做到遭誤解、毀謗，不僅不辯解、報復，反而默默承受，還甘心為此奉獻付出、受苦受難者有幾？

白隱禪師不忘護理他的心靈後花園，所以他的人生是如此美麗。心靈這個品類繁多的花園，需要我們時時墾殖翻耕。這個花園中有穢土，也有淨土。所以不可能永遠都是快樂清淨的。

只要是花園，就會衍生雜草，四處蔓延。不能放任，而要及時除去這些占用花木營養的野草。不過，與其等待野草來瘋長，不如我們積極撒播下真理和愛的種子。

無樂小樂，小辯小慧；

觀求大者，乃獲大安。

——《法句經·安寧品》

真正的信仰在於心靈的恭敬

信仰對應的是我們的心靈，是性命攸關的生死大事，本來就該整個身心去恭敬虔誠。不過南懷瑾先生指出，真正的個人信仰不是迷信，不是盲目禮拜，求求保佑、祈祈福氣什麼的。

而是什麼呢？是深解義趣，把道理徹底了解的學佛，是真正的學佛。這樣的信仰貫穿整個的生命，是心靈的律動，是絕對的正信。心中有佛的人哪裡都有佛，佛已經進入他的心靈裡面。

有一次，有個禪師在佛殿裡隨眾課誦，忽然咳嗽了一聲，就將一口痰吐在佛像身上，糾察師看到以後就責罵他道：「豈有此理！怎麼可以把痰吐在佛身上呢？」

這個吐痰的禪師又再咳嗽了一下，對糾察師說：「請您告訴我，虛空之中哪裡沒有佛？我現在還要再吐痰，請問哪裡沒有佛？」

這個吐痰者，他已經悟到「佛性遍滿虛空，法身充塞宇宙」

第一章　真正的信仰

的道理，糾察師怪他把痰吐在佛身上，自以為對佛尊敬了，其實，這正表示糾察師還不懂什麼是佛，佛的法身是遍滿虛空，充滿法界的，所以這個禪師說：「請您告訴我，哪裡沒有佛？」

真正的信仰不拘泥於形式，不需要造多少佛像來跪拜，口裡唸唸有詞，滿足自以為有的信心。這還是在拜偶像啊。一休禪師就尖銳地挑出這根扎在信者心中的刺。

有一個年輕的和尚跑來看一休，一休問他說：「你對我有什麼欲求？」

那個年輕的和尚說：「我來找尋成道的方法。」

一休說：「你曾經去過哪裡？你是否曾經找過別人？」

他說：「是的，我曾經跟過一個師父。」

「你在那裡學到了什麼？」

那個和尚說：「我表演給你看，我學到了瑜伽的姿勢。」他以佛陀的姿勢坐著，眼睛閉起來，一動也不動。

一休笑了出來，重重地敲了一下他的頭，說：「你這個傻瓜！我們不需要更多的佛，在這裡我們已經有很多石頭佛像，你走吧！你在這裡我們需要照顧更多的石頭佛像！」

他是說真的，因為他所住的那座廟有一萬個石頭佛像，他說：「我們照顧那一萬個佛像已經夠累了，現在我們已經不想要更多的佛像，你走！」

真正的信仰不在於拜了多少佛、唸了幾多經，而是發自內

心的虔誠與敬重。佛像並不能代表佛的真精神，真正有信仰的恰恰是不拜佛的。他用整個身心來敬拜，常常在佛前懺悔，讓生活的本身成為一種祈禱。讓不逆的信心融入生活的每一個細節。敬鐘如敬佛，敲鐘就散發出佛之梵音了。

　　鐘，是佛教叢林裡的號令，清晨的鐘聲是先急後緩，警醒大眾，長夜已過，勿再放逸沉睡。而夜晚的鐘聲是先緩後急，提醒大眾覺昏衢，疏昏昧！故叢林的一天作息，是始於鐘聲，止於鐘聲。

　　有一天，奕尚禪師從禪定中出來時，剛好傳來陣陣悠揚的鐘聲，禪師特別專注地聆聽，待鐘聲一停，忍不住召喚侍者，詢問道：「早晨司鐘的人是誰？」

　　侍者回答道：「是一個新來參學的沙彌。」

　　於是奕尚禪師就要侍者將這沙彌叫來，問道：「你今天早晨是以什麼樣的心情在司鐘呢？」

　　沙彌不知禪師為什麼要這麼問他，他回答道：「沒有什麼特別心情！只為打鐘而打鐘而已。」

　　奕尚禪師道：「不見得吧？你在打鐘時，心裡一定念著些什麼。因為我今天聽到的鐘聲，是非常高貴響亮的聲音，那是正心誠意的人，才會敲出的聲音。」

　　沙彌想了又想，然後說道：「報告禪師，其實也沒有刻意念著，只是我尚未出家參學時，家師時常告誡我，打鐘的時候應

第一章　真正的信仰

該要想到鐘即是佛，必須要虔誠、齋戒，敬鐘如佛，用如入定的禪心和禮拜之心來司鐘。」

奕尚禪師聽了非常滿意，再三地提醒道：「往後處理事務時，不可以忘記，都要保有今天早上司鐘的禪心。」

這位沙彌從童年起，養成恭謹的習慣，不但司鐘，做任何事、動任何念，一直記著奕尚禪師的開示，保持司鐘的禪心，他就是後來的森田悟由禪師。

奕尚禪師不但識人，而且能從鐘聲裡聽出一個人的品德，這也由於他自己是有禪心的人。諺云：「有志沒志，就看燒火掃地」、「從小一看，到老一半」。森田悟由那時雖小，連司鐘時都曉得敬鐘如佛，難怪長大之後，成為一位禪匠！可見凡事帶幾分禪心，何事不成？

真正的信仰，不是僅僅掛在嘴上的，更不是頂禮膜拜的。它應該存在於具體的事情之中，甚至存在於一件極普通、極平常的小事之中，比如雪中送炭。真正慈善的人，不會拘泥於禮節和形式，他們會將自己的善念化為一汪清泉，讓其流進所有乾渴的心靈。

兜率從悅禪師參訪密行的清素禪師，非常禮敬，有一次因食荔枝，經過清素禪師的窗戶，就很恭敬地說道：「長老！這是家鄉來的水果，請您吃幾個！」

清素禪師很歡喜地接過荔枝，感慨地說道：「自從先師圓寂

後，不得此食已久了。」

從悅禪師問道：「長老先師是何大德？」

清素禪師答道：「慈明禪師，我在他座下忝為職事一十三年。」

從悅禪師非常驚訝地讚嘆道：「十三年堪忍職事之役，非得其道而何？」

說後，便將手上的荔枝全部供養給清素禪師。清素禪師即以感激的態度說道：「我因福薄，先師授記，不許傳人，今看你如此虔誠，為此荔枝之緣，竟違先師之記。將你的心得告訴我！」從悅禪師具道所見。

清素禪師開示道：「世界是佛魔共有的，最後放下時，要能入佛，不能入魔。」

從悅禪師得到印可之後，清素禪師教誡道：「我今為你點破，讓你得大自在，但切不可說是承嗣我的！真淨克文才是你的老師。」

「要學佛道，先結人緣」，荔枝有緣，即能悟道。「佛法在恭敬中求」，從悅禪師對前輩恭敬，恭敬中就能得道。古人一飯之恩，終生不忘，如清素禪師，一荔之賜，竟肯道破心眼，此乃感恩有緣也。

心靈缺位的信仰必然是沒有生命力的信仰，是思想、知識、頭腦上的信仰，若信仰流於表面的形式，就是信仰的危機，距死期也就不遠了。這死指靈魂的死亡，行屍走肉。

第一章　真正的信仰

　　所以要從心底崇仰，讓心靈成為道場，以虔誠為香爐，恭敬求佛法，佛自應汝求。

　　無處青山不道場，何須策杖禮清涼？
　　雲中縱有金毛現，正眼觀時非吉祥。

—— 唐·軼名禪師

第二章

用心去感悟，禪意無處不在

平平凡凡才是真

在很多人的心目中，佛是高不可攀的，他們住在西天極樂世界中，不食人間煙火，人們很難看到他們，他們從來不屑於住在人間……其實，這種想法是相當錯的，這樣的佛也絕不是禪宗所要修成的佛。

南懷瑾在講解《金剛經》時說：這本經記載的佛，卻跟我們一樣，照樣要吃飯，照樣要化緣，照樣光著腳走路，腳底心照樣踩到泥巴，所以回來還是一樣要洗腳，還是要吃飯，還是要打坐，就是那麼平常。

禪宗的公案語錄彙輯《指月錄》中記載了這樣一則故事：

釋迦牟尼佛有一日在靜坐時，看到兩個人牽著一頭豬從面前走過，於是他就問：「剛才從我面前過去的是個什麼？」

於是有人回答說：「佛具備一切智慧，難道連豬都不認識嗎？」

釋迦牟尼佛說：「那也要問過之後才知道啊。」

釋迦牟尼佛是何等高深偉大，他也沒有目空一切，何況凡庸如我輩呢？平常就是真道，最平凡的時候是最高的，真正的真理是在最平凡之間；真正佛的境界，是在最平常的事物上。

懷海禪師是禪宗史上著名的大德，是馬祖道一門下的得意弟子。

懷海禪師對禪宗的一個重大貢獻就是訂立了天下聞名的禪門清規「百丈清規」，他總是親自實踐，年老了也不停止在外勞作。

據說懷海禪師九十四歲時，還與弟子們一起勞作。有一次，弟子們把他的農具悄悄藏起來了，想讓他休息，他卻說：「我沒有什麼德行，怎麼敢讓別人養著我呢？」

所以，當天他沒有參加勞作，也沒有吃飯。懷海禪師就這樣告誡他的弟子們要「一日不作，一日不食」，這句話成為千古傳誦的佳句名言。

懷海禪師並不因自己有德行而不勞作，相反，他還「一日不作，一日不食」。很多人認為成佛的人就飛到西天之上，不食人間煙火了，其實不然，真正的佛是平凡的，和常人沒有什麼不同。常人總是故弄玄虛，釋迦牟尼佛卻是平常中的平常。這種平常超越了自身，讓人返璞歸真，回到最天然樸實的狀態。

有一天，山前來了兩個陌生人，年長的仰頭看看山，問路旁的一塊石頭：「石頭，這就是世上最高的山嗎？」

「大概是的。」石頭懶懶地答道。年長的人沒再說什麼，就開始往上爬。

年輕的人對石頭笑了笑，問：「等我回來，你想要我幫你帶什麼？」

石頭一愣，看著年輕人，說：「如果你真的到了山頂，把那

刻你最不想要的東西給我，就行了。」

　　年輕人覺得很奇怪，但是也沒多問，就跟著年長人的往上爬去。斗轉星移，不知又過了多久，年輕人孤獨地走下山來。

　　石頭連忙問：「你們到山頂了嗎？」

　　「是的。」

　　「另一個人呢？」

　　「他，永遠不會回來了。」

　　石頭一驚，問：「為什麼？」

　　「唉，對於一個登山者來說，一生最大的願望就是戰勝世上最高的山峰，當他的願望真的實現了，也就沒了人生的目標，這就好比一匹好馬斷了腿，活著與死了，已經沒有什麼區別了。」

　　「他……」

　　「他自山崖上跳下去了。」

　　「那你呢？」

　　「我本來也要一起跳下去，但我猛然想起答應過你，把我在山頂上最不想要的東西給你，看來，那就是我的生命。」

　　「那你就來陪我吧！」

　　年輕人在路旁搭了個草房，住了下來。人在山旁，日子過得雖然逍遙自在，卻如白開水般沒有味道。年輕人總愛默默地看著山，在紙上胡亂塗著。久而久之，紙上的線條漸漸清晰了，輪廓也明朗了。

後來，年輕人成了一個畫家，繪畫界還宣稱一顆耀眼的新星正在升起。接著，年輕人又開始寫作，不久，他就以他的文章回歸自然的清秀雋永一舉成名。

許多年過去了，昔日的年輕人已經成了老人，當他對著石頭回想往事的時候，他覺得畫畫寫作其實沒有什麼兩樣。

最後，他明白了一個道理：其實，更高的山並不在人的身旁，而在人的心裡，只有忘我才能超越。你最需要的就是回歸到樸實平凡之中。平平凡凡才是真生命的道路。

因此，南懷瑾反覆強調，我們學佛學道，千萬要丟掉那些神奇、不平凡的觀念。能到達人生最平凡之處，你便可以學佛了，也知道佛了。換句話說，你可以知道「凡所有相，皆是虛妄」，不但佛不可以得，人世間一切相也不著了。

南懷瑾先生通俗地講解，無論上帝、耶穌還是菩薩，他拯救萬物眾生，人們看不到他的功勞，而他自己也並不居功，不需要人跪拜禱告、感激涕零，他認為你應該感謝自己，與他無干。無功之功是為大功，如同太陽，普照天下，又理所當然。真正的「聖人」，不需要「名」，大善無痕，行善不使人知，這樣的人才是真正的聖人。

所以，真正的佛法是超越一切宗教、哲學及一切形式之上的。也就是佛說的，真正的智慧成就，即非般若波羅蜜；智慧到了極點，沒有智慧的境界，那才是真智慧。

這也等於老子說的，大智若愚；智慧到了極點，就是最平淡的人。世界上最高明的人，往往就是最平凡的人。平平凡凡才是真生命的道路。

心如大海無邊際，口吐紅蓮養病身；
雖有一雙無事手，不曾只揖等閒人。

—— 唐・黃檗希運

擁有一顆平常心

古代禪宗大師們在教導門徒時，始終強調的一點是佛就在平凡的人間，並不是脫離這個世界的虛無縹緲的神仙。佛是什麼？佛就是平常心的激情四射。

在講解《金剛經》時，南懷瑾先生說，你如果說，佛的眼睛看這個世界是空的，請問是誰說的？佛看到恆河裡的沙子就是沙子，看到這個世界，水泥就是水泥，牆壁就是牆壁，跟我們一樣，沒有兩樣。佛比我們高妙之處就在這裡。我們恰恰是看這個世界都變樣了。

真正的佛法在於擁有一顆平常心。平常心才是大道。平常心是一種生活的大智慧，是踏踏實實行走在生命路途上誠摯的熱情。

過去有一位年輕和尚，一心求道，希望有日成佛。但是，多年苦修參禪，似乎沒有進步。

有一天，他打聽到深山中有一破舊古寺，住持某老和尚修煉圓通，是得道高僧。於是，年輕和尚打點行裝，跋山涉水，千辛萬苦來到老和尚面前。兩人打起了機鋒。

年輕和尚：「請問老和尚，你得道之前，做什麼？」

老和尚：「砍柴擔水做飯。」

年輕和尚：「那得道之後又做什麼？」

老和尚：「還是砍柴擔水做飯。」

年輕和尚於是哂笑：「那何謂得道？」

老和尚：「我得道之前，砍柴時惦念著挑水，挑水時惦念著做飯，做飯時又想著砍柴；得道之後，砍柴即砍柴，擔水即擔水，做飯即做飯。這就是得道。」

老和尚的一句得道是砍柴即砍柴、擔水即擔水、做飯即做飯道破了禪機。砍柴運水皆是禪，這就是生命本身。多麼平常，多麼樸實，沒有一點虛誇與做作。

的確，認認真真地去做好手中的每一件事情便是得道。認真對於我們每一個平凡的人來說都是一種生活姿態，一種對生命歷程完完全全地負起責任來的生活姿態，一種對生命的每一瞬間注入所有激情的生活姿態。

不要把佛的境界假想得那麼高遠，其實佛的境界是非常平

第二章　用心去感悟，禪意無處不在

凡的。南懷瑾先生說，如果我們拿《金剛經》的這一段，用儒家《中庸》這本書來講，就是：「極高明而道中庸」、「天命之謂性。率性之謂道。修道之謂教。道也者。不可須臾離也。可離，非道也」。

正如南懷瑾先生所講的，在我們平常的觀念裡，總認為佛走起路來一定是離地三寸，腳踩蓮花，騰空而去。《金剛經》裡記載的佛，卻跟我們一樣，就是那麼平常。並不因為他開悟了就騰雲駕霧、天馬行空。

一位學僧看到禪宗公案裡有名的「黃龍三關」：在修禪之前，山是山，水是水；在修禪之時，山不是山，水不是水；修成之後，山仍是山，水仍是水。

「這是什麼意思呢？弟子不明白。」迷惑不解的學僧去問禪師。禪師解釋說：「最先的狀態和最後的狀態是相似的，只是在過程中截然不同。最初，我們看到山是山，最後看到山還是山。但是在這當中，山不再是山，水不再是水，為什麼呢？」

學僧搖頭，表示不知道。

禪師繼續說：「因為一切都被你的思想和意識攪亂了、混淆了，好像陰雲密布、雲霧繚繞，遮住了事物的本來面目。但是這種混淆只存在於當中的過程。在沉睡中，一切都是其本原；在三昧中，一切又恢復其本原。正是關於世界、思想、自我的認知使簡單的事物複雜化了，它正是不幸、地獄的根源。」

學僧自以為明白了禪師的解釋，唉聲嘆氣地說：「這麼說起來，凡夫俗子和修禪的開悟者也沒有什麼區別啊！」

「說得對，」禪師答道，「實在沒有什麼區別，只不過開悟者離地六寸。」

什麼理由呢？按照南懷瑾先生的解釋，真的佛，法身之體，悟了道，證得法身之體，無所從來，亦無所去，不來也不去，不生也不死，不坐也不臥。

那是個什麼境界呢？南懷瑾先生說，其實，那是個非常平凡的境界。就是你現在這個樣子。你現在這個樣，不坐也不臥，不來也不去，現身就是佛，既沒有動壞念頭，也沒有生好念頭，此心平平靜靜，不起分別，當下就在如來的境界裡！

道是怎麼樣的呢？極高明而道中庸，最平常，不來也不去，就在這裡。一個真正成佛的人，就在人間最平常的去處，懷有一顆最平常的心，這才是禪宗的真諦，這才是成佛的真諦。擁有一顆平常心，就能在激情中充實生命。

趙州八十猶行腳，只為心頭未悄然；
及至歸來無一事，始知空費草鞋錢。

　　　　　　　　　　　　　　　—— 明·蓮池大師

第二章　用心去感悟，禪意無處不在

用心去感悟，禪意無處不在

南懷瑾先生懇切地告訴我們，成佛的智慧，不需要向外尋求，它並不離開世間的一切。世間法就是佛法，任何學問、任何事情，都是佛法。

一切世間的學問、智慧、思想，一切世間的事，都可以使你悟到般若在哪裡，到處都是。在看花中就能悟道了，在風景中也能悟道，也能成佛。

的確，一切現成，就看你怎麼撿拾了。南懷瑾先生在此向我們揭示了一個最樸實的道理，那就是在自然天地之間，有無處不在的禪機妙意。一粒沙塵中包含一方世界，一朵野花中蘊藏一個天堂。

生命中缺少的不是風景，而是一雙發現美麗風景的眼睛。道理是如此平常，關鍵是我們有沒有像孩童一般的單純心靈來體悟。真諦本就是為樸素的信心敞開的。

有一位學僧請示慧忠國師道：「古德云：『青青翠竹，盡是法身；鬱鬱黃花，無非般若。』不信的人認為是邪說，有信仰的人認為是不可思議，不知信與不信哪個正確呢？」

慧忠國師從容答道：「這是文殊菩薩的境界，並不是凡夫俗子所能接受的。」

學僧聞後，仍不明白，再問道：「到底是信者正確？還是不

信者正確？」

　　慧忠國師答道：「信者為俗諦，不信者為真諦。」

　　學僧大驚道：「不信者譏為邪見，禪師怎可說為真諦？」

　　慧忠國師總結道：「不信者自不信，真諦自真諦。正因為是真諦，凡夫俗子才會斥之為邪見。」

　　妙諦，相信者贊為確實正見，不信者斥為歪理邪說，這一正一反的針鋒相對，就在信與不信之間。不信者與真諦是彼此隔絕的。正道出生活中處處都有佛法真理，而真理往往是遭忽視、容易被遺忘的。筆者反其言曰：相信者的信是真諦，不信者的疑是俗諦。信不信由你！

　　怎樣才能清楚知道這無處不在的真諦呢？南懷瑾先生為我們指了一條道路，就是去身見，去世間之見，把物質世界、空間的觀念、身體、佛土觀念通通去掉。轉用另一種說法，就是把所有時空的觀念、身心的觀念通通放下，在最平常的狀態中，靜靜等待真諦之光的啟示。只要你摒棄了根深蒂固的不平常心，自然水退山顯，豁然開朗。

　　拋開自己在塵世沾染的不平常心，又談何容易？我們麻木地將不平常當作平常，已經很久了，站在大自然的面前，我們激昂地吶喊：青青翠竹，絕無法身；鬱鬱黃花，更非般若。這樣理直氣壯，這樣道貌岸然，其實是無知昏昧，可惜可憐。究其根底，是身在福中不知福，行走在真諦的花叢中，卻視而未見，

第二章　用心去感悟，禪意無處不在

嗅而不聞。不是嗎？花香花色在眼前，錯失美妙真可憐！

南懷瑾先生講述的下面這則關於黃庭堅悟道的禪宗公案，能很好地闡釋這一點：

黃庭堅又名黃山谷，是北宋與蘇東坡齊名的一位大詩人，即「蘇門四學士」之一。

他跟晦堂禪師學禪。雖然他的學問很好，但是跟著師父學了三年還沒有悟道。

有一天，他問晦堂禪師：「有什麼方便法門告訴我一點好不好？」

晦堂禪師說：「你讀過《論語》沒有？」

黃山谷說：「當然讀過啦！」

師父說：「論語上有兩句話，『二三子，以我為隱乎？』」意思是說：你們這幾個學生！孔子說，不要以為我隱瞞你們，我沒有保留什麼祕密啊！早就傳給你們了。」

黃山谷這一下臉紅了，又變綠了，告訴師父實在不懂！

老和尚一拂袖就出去了。黃山谷啞口無言，心中悶得很苦，只好繼續跟在師父後邊走。這個晦堂禪師沒有回頭看他，曉得他會跟來的。

走到山上，秋天桂花開，花香馥郁，如酒醉人，師父就回頭問黃山谷：「你聞到桂花香了嗎？」

黃山谷蒙了，師父在前面大模大樣地走，不理他，他跟在

後面,就像小學生捱了老師處罰一樣,心裡又發悶,這一下,老師又問他聞沒聞到桂花香味,他當然把鼻子翹起,聞啊聞啊!然後說:「我聞到了。」

他師父接著講:「吾無隱乎爾!」

師父的意思是說:你看!就像你能夠聞到桂花的味道,你也能夠在當下這個片刻聞到佛性,就在桂花裡面,就在這個山中的小徑上,就在小鳥裡面,就在太陽裡面;它就在我裡面,就在你裡面。你是在說什麼法門?你是在說什麼祕密?我並沒有保留任何東西不讓你知道啊。

經師父這一點破,黃山谷立刻悟道了。

黃山谷是幸運的,因為他有一顆詩心和一雙慧眼。真理往往為開放的心靈打開。大千世界,佛法充盈其中,禪意無處不在。一個人只有用自己的心去感悟,用自己的眼睛細細地觀察,才能真正體悟到禪的境界。

翠竹黃花皆藏般若,世間一切法皆是佛法。一個無心的人視而不見,只能看到平淡無奇的一切,而一個有心人卻能夠空出心來,能在平淡中窺見奇趣,從中汲取深刻的智慧。

天大地大,氣象萬千,多觀察世間萬物,多留意身邊的翠竹黃花,多體悟一切風雲變幻,只要你有心,你就有可能從中體悟到妙不可言的佛法禪機。

第二章　用心去感悟，禪意無處不在

世界微塵漚沫身，懸崖撒手漫傳薪。

黃花翠竹尋常事，般若由來觸處津。

——南懷瑾《金剛經》偈頌

海納百川緣於謙卑

海納百川，有容乃大。海成其大的最根本原因，恐怕是它在最低處，所以陸地上的江河流水才順勢流向海洋。大海的品性是最謙卑的。佛法就像大海，是何其廣大奧妙，何其平凡淺顯。

南懷瑾先生說，一個真正了不起的人，自己心中是沒有偉大這個觀念的，他認為度一切眾生、教化一切眾生，都是人應該做的事情而已，做完了就過去了，心中不留。

南懷瑾先生接著舉個例子說，在《法華經》上，佛說他說的法，等於指黃葉為黃金，為止兒啼而已。

什麼意思呢？假設一個小孩哭了，該怎麼辦呢？為了使他不哭，順手撿了一片黃葉來逗他，說，這個好玩啊，這個是金子！只要把小孩哄住了，不管它是雞毛也好，樹葉也好，只要小孩不哭就行了。

佛告訴我們，他講的佛法，也就是這個樣子，指黃葉為黃金，為止兒啼而已！其實任何一法都是黃葉，都是為止兒啼而

已。如果一念停了,黃葉就不要了。

一個人在領教佛法的時候要保持謙遜、低調的姿態,這是學佛的本色和必需,因為釋迦牟尼佛本身就是謙遜、謙卑的最佳榜樣。一個真正成佛的人並不會到處宣稱自己成佛,只有那些沒有成佛的人才會四處宣揚自己。通曉佛法的高人,知道佛法就這麼一點點,「原來佛法無多子」,就是用指黃葉為黃金,為止兒啼,僅此而已。

真正的佛恰恰沒有一臉佛氣!他就是最平凡正常的一位。佛法如大海,深邃無邊,默默迎納百川。每個人都是一條汙濁的河流,只要你謙卑得視自己如同塵土,你就可以成佛,歸向大海。因為平凡是佛,眾生本平凡,皆可成佛。

有個人為南陽慧忠國師做了二十年侍者,慧忠國師看他一直任勞任怨、忠心耿耿,想要幫助他早日開悟。

有一天,慧忠國師像往常一樣喊道:「侍者!」

侍者聽到國師叫他,以為慧忠國師有什麼事要他幫忙,於是立刻回答道:「國師!要我做什麼事嗎?」

國師聽到他這樣的回答感到無可奈何,說道:「沒什麼事要你做的!」

過了一會兒,國師又喊道:「侍者!」

侍者又是和第一次一樣的回答。

慧忠國師又回答他道:「沒什麼事要你做!」

第二章　用心去感悟，禪意無處不在

這樣反覆了幾次以後，國師喊道：「佛祖！佛祖！」

侍者聽到慧忠國師這樣喊，感到非常不解，於是問道：「國師！您在叫誰呀？」

國師看他愚笨，萬般無奈地啟示他道：「我叫的就是你呀！」

侍者仍然不明白地說道：「國師，我不是佛祖，而是您的侍者呀！您糊塗了嗎？」

慧忠國師看他如此不可教化，便說道：「不是我不想提拔你，實在是你太辜負我了呀！」

侍者回答道：「國師！不管到什麼時候，我永遠都不會辜負您，我永遠是您最忠實的侍者，任何時候都不會改變！」

慧忠國師的眼光暗了下去。有的人為什麼只會應聲、被動？進退都跟著別人走，就不會想到自己的存在！難道他不能感覺自己的心魂，接觸自己真正的生命嗎？

慧忠國師道：「還說不辜負我，事實上你已經辜負我了，我的良苦用心你完全不明白。你只承認自己是侍者，而不承認自己是佛祖，佛祖與眾生其實並沒有區別。眾生之所以為眾生，就是因為眾生不承認自己是佛祖。實在是太遺憾了！」

每一個生命是如此平凡，但你若降低自己在最低的位置，你就成了大海，釋迦牟尼佛就是這樣的大海。慧忠國師一片苦心，他的侍者卻不明白，真是可惜。

釋迦牟尼佛其實就是一個最平凡同時也最偉大的人，也就

是南懷瑾先生說的平常就是真道,最平凡的時候是最高的,真正的真理是在最平凡之間;真正仙佛的境界,是在最平常的事物上。所以真正的人道完成,也就是出世、聖人之道的完成。

大魚與小魚這樣對話道:

一條小魚問大魚:「我常聽人說起海的事情,可什麼是海呢?」

大魚回答:「你的周圍就是海啊。」

「可是我怎麼看不到?」

「海在你裡面,也在你外面,你生於海,也終歸於海。海包圍著你就像你自己的身體。」大魚淡淡地說。

小魚缺少的就是單純體驗真理無所不在的平常心。沒有看到自己一呼一吸之間,都在這最謙卑又最廣闊的海洋。

《莊子》中有:「魚相忘乎江湖,人相忘乎道術。」同樣,人活在禪的海洋之中,卻不知道禪究竟為何物,總是想跳出海面來,到別處去苦苦尋覓。

什麼是禪道?或者,什麼是真理?真理不是故紙堆裡聖人的玄言妙語,也非泥塑木製的菩薩神像,它活潑生動,新鮮閃亮,如絢麗的秋日陽光,如清晨初網出水的魚。

在自然世界,在心靈深處,我們能真切感受到它,但它無行跡可尋,沒有固定模式。像萬里陽光,空朗不掛一片雲;如清淨

之水，清溪見底看入「空無」。但是這道又確確實實存在，真叫人難以捉摸！

游魚發現不了這無處不在的海水，只因被自己迷惑，視而不見，其實我們何嘗不是如此？憐憫魚兒之先，我們應該先憐憫自己。

因為大海在最低處，而我們只是高高站在岸上，眺望大海。那葉小舟就停在港口，莫懼風浪，別再猶豫，更別返身逃回深山叢林，其實很容易就能下海起航，海上的風波才是最為安穩的。

最平常是最神奇，說出懸空人不知；
好笑紛紛學道者，意中疑是又疑非。

—— 古德

偉大源自平凡

談到平凡的大道，南懷瑾先生接著說，古德告訴我們，道在平常日用間。真正的道、真正的真理，絕對是平常的，最高明的東西就是最平凡的，真正的平凡，才是最高明的。

我們在現實生活中看到，做人也是這樣，最高明的人，也最平凡，平凡到極點的人就是最高明的人。老子也說過「大智若愚」，智慧到了極點時是非常平實的。

民間也有類似的俗語：半瓶水響叮噹。真來得形象、恰當，滿瓶是充盈平實、靜默沉穩的，而裝到半瓶則正好相反。

真正大有成就之人，是絕對謙和的，謙和到非常平實，好像什麼都沒有一樣。真正的佛並不認為自己是佛，真正的聖人不認為自己是聖人，所以真正的佛法即非佛法。

真正感受到佛禪真諦的人，都是平凡的、平常的、謙卑的。因為最偉大常常蘊含在最平凡之中。平凡有時本就是偉大。南懷瑾先生接著講述黃山谷的陳年舊事：

話說黃山谷悟道以後，很不得了，官大、學問好、詩好、字好，樣樣好，道也懂、佛也懂，如南懷瑾大師所說的好到沒有再好了，所謂第一稀有之人。第一稀有就很傲慢，除了師父以外，天下人不在話下。

後來晦堂禪師涅槃了，就交代自己的得法弟子，比黃山谷年輕的黃龍死心悟新禪師說：你那位居士師兄黃山谷，悟是悟了，沒有大徹大悟，只有一半，誰都拿他沒辦法，現在我走了，你拿他有辦法，你要好好教他。

黃龍死心悟新馬上就通知黃山谷前來，師父涅槃了，要燒化。當和尚去世後，盤腿在座上抬出去，得法的弟子，拿一個火把準備燒化，站在前面是有講究的。

這個時候，黃山谷趕來了，一看這個師弟，小和尚一個。

黃龍死心悟新雖然年輕，卻是大徹大悟了的，比黃山谷境

第二章　用心去感悟，禪意無處不在

界高，又是繼任的和尚，執法如山。

黃山谷一來，黃龍死心悟新拿著火把對這位師兄說：「我問你，現在我馬上要點火了，師父的肉身要燒化了，我這火一下去，師父化掉了，你跟師父兩個在哪裡相見？你說！」

黃山谷答不出來了，心想：是呀！這個問題很嚴重，師父肉身化掉了，自己將來也要死掉的，兩個在哪裡相見？這是個問題。這一下黃山谷答不出來，臉不是變綠，是變烏了，悶聲不響就回去了。

接著倒楣的事情也來了，因為政治上的傾軋，皇帝把他貶官，從那麼高的地位，一下摔下來，一般人怎麼忍受得了啊！

然而黃山谷哪裡是尋常人物，借倒楣之機，他正好修道。在赴任的路上，他就沿途打坐、參禪。

有一天中午很熱，他午睡休息。古人睡的枕頭是木頭做的，他躺下去一不小心，那個枕頭掉在地上，他嚇了一跳，這下子真正開悟了。他也不睡了，立刻寫了封信，叫人趕快送給黃龍死心悟新禪師。

他怎麼說呢：平常啊，我的文章、我的道，天下人沒有哪個不恭維我，只有你老和尚 —— 現在叫他師弟老和尚，客氣得很啦！只有你老和尚不認可我，現在想來是感恩不盡。

從上面黃山谷的有趣故事中我們可以看見，在得道之前，黃山谷看重他在世俗上的成功與才華，驕傲得了不得，這正是沒有得道的真正體現。

偉大源自平凡

一個得道的人,一定是謙遜的、內斂的,絕對不會有他那樣狂狷與傲氣。

南先生又告誡我們,人常常自命不凡,但那只是自命啊!自己認為自己不凡而已。要真正到達最平凡處,你才會體會到最高的。

確實,一個人如果自認為懂得了一點佛法就覺得了不起了,驕傲起來,處處認為自己是佛,那麼我們可以斷定,這個人絕對沒有修為。一個執著於成佛成仙的人絕對不會有好的修為。這隻是他的飄飄然罷了。而修為達到極高境界的人,就會珍視平常一切,從中挖掘真理。

真理其實就在最平常的生活中,是如空氣、水、陽光一般最平常無奇又最最重要的生命養分!

珍珠從何而來?蚌殼含著一粒沙子,它整天因疼痛而哭泣,久而久之,借淚水蘊含,使之凝成一粒圓潤寶貴的珍珠。

一位阿拉伯詩人吟唱道:「天使的眼淚,落入正在張殼賞月的蚌體內,變成一粒珍珠。」其實是蚌為了努力排除體內的沙子,分泌體液,將沙子包圍起來,從而形成珍珠。

恆河數沙,沙子多麼平淡無奇,多得數也數不清,而珍貴就從這平凡中流湧而出。真理能使我們得以自由,每個人都有一雙想飛的翅膀,真理就是那雙翅膀。

傳說中鳥兒是沒有翅膀的,老天寂寞,想要鳥兒來做伴,

就對鳥兒說，我為你兩側各裝一片羽翼，藉著它你能飛昇高揚，不過這樣一來你就變重了！

鳥兒回答說，我想飛，你先裝上試試看。起先鳥兒覺得背上多了兩個累贅，渾身不自在，老天並沒有教它怎麼飛，鳥兒後悔了，想甩掉雙翅，哪知奇妙的事發生了，拍打的同時，鳥兒發覺地面越來越遠，境界越來越高，原來它真的自由飛翔了！

大家都很羨慕鳥兒的飛翔，其實是我們將作為常識的偉大真理拋棄了。

南懷瑾先生特別叮囑學佛修禪的人說：學佛法，不要被佛法困住，這樣才可以學佛。如果搞得一臉佛氣、滿口佛話、一腦子的佛學，那就沒得救了。

人生難得今已得，佛法難聞今已聞；
此身不向今生度，更向何生度此身？

──《淨宗要義》

人人平等，不必妄自菲薄

南懷瑾先生講到《金剛經》「第二十五品」時說，佛告訴我們，所謂凡夫者，本來是個假名，沒有真正什麼凡夫，假名叫做凡夫而已。

換句話說,一切眾生都是佛,只是眾生找不到自己的本性;找到了就不是凡夫,個個是佛,眾生平等。

佛陀當初在證悟真理時,第一句宣言就說:「一切眾生皆有佛性!」眾生由於因果業報的千差萬別,在智愚美醜、貧富貴賤上有所不同,但是論及眾生的本體自性,並無二致。

有一次,一位學僧問唯寬禪師:「狗有佛性嗎?」

唯寬禪師回答道:「狗是有佛性的。」

「馬有佛性嗎?」

答:「馬是有佛性的。」

「為什麼這些動物都有佛性呢?」

「因為他們都是眾生,眾生均有佛性。」

「既然這樣,那麼,你有佛性嗎?」

「我沒有佛性。」

「那為什麼一切眾生皆有佛性,而你沒有?」

「因為我不是你所說的眾生。」

「你不是眾生,你是佛嗎?」

「我不是佛。」

「那你究竟是什麼?」

「我不是一個『什麼』!」

「佛性到底是什麼?是我們能看到,或是能想到,或是能感

覺到的嗎?」

「什麼也不能,只能悟到。」

唯寬禪師反過來問這位學僧:「荒田沒有水,瘠土沒有肥,能耕嗎?」

學僧答曰:「不能。」

「往荒田裡注水,往瘠土上施肥,就一定能種出糧食嗎?」

答:「恐怕不能吧!」

「香裡有沒有佛?油裡有沒有佛?」

「沒有。」

「買香油,買油燒能燒出佛嗎?」

「當然不能!佛到底是什麼?」

唯寬禪師最後說:「真正的佛,是一種澄靜的智慧,一種明亮的作為,不是燒香磕頭就能得到的。事事妙圓,處處空寂,無爭執無欲望,一切都可放下或犧牲,這就是真佛!眾生平等,皆可成佛。真我就是佛,佛就是真我。」

唯寬禪師與學僧在這裡有點「古龍式對白」的味道,古龍的武俠小說中常常有這樣的對話:「你真不是個東西!」答曰:「我是個人,本來就不是個東西。」似乎也有點禪宗打機鋒的妙趣。

在所有禪宗經典裡,心、佛、眾生,三無差別。心即是佛,悟道了,此心即是佛;沒有悟道,佛也是凡夫,心、佛、眾生,三無差別,三樣平等。

另有一個故事這麼說:

小和尚滿懷疑惑地去見師父:「師父,您說好人壞人都可以度,問題是壞人已經失去了人的本質,如何算是人呢?既不是人,就不應該度化他。」

師父沒有立刻作答,只是拿起筆在紙上寫了個「我」,但字是反寫的,如同印章上的文字左右顛倒。

「這是什麼?」師父問。

「這是個字。」小和尚說,「但是寫反了!」

「什麼字呢?」

答:「『我』字!」

「寫反了的『我』字算不算字?」師父追問。

「不算!」

「既然不算,你為什麼說它是個『我』字?」

「算!」小和尚立刻改口。

「既算是個字,你為什麼說它反了呢?」小和尚怔住了,不知怎樣作答。

「正字是字,反字也是字,你說它是『我』字,又認得出那是反字,主要是因為你心裡認得真正的『我』字;相反,如果你原不識字,就算我寫反了,你也無法分辨,只怕當人告訴你那是個『我』字之後,遇到正寫的『我』字,你倒要說是寫反了。」師父說,「同樣的道理,好人是人,壞人也是人,最重要在於

第二章　用心去感悟，禪意無處不在

你須識得人的本性，於是當你遇到惡人的時候，仍然一眼便能見到他的『本質』，並喚出他的『本真』；本真既明，便不難度化了。」

師父的意思再明白不過，在這個世界上，佛與眾生沒有任何差別，每個人都是佛。每個佛也都是最平凡的人，一個人只要體悟到般若的智慧，就和佛了無差別了，因此，如果要去度人，當然也要度壞人，如果這世上都是好人，還需要你度什麼呢？

清末民初的國學巨擘章太炎先生在《齊物論釋》一書中，闡述了萬物都是平等的，沒有高低貴賤之分這樣一個觀點。我們可以從中引申出這樣一個結論，既然萬物都是平等的，沒有高低貴賤，那麼每個個體就都是一個自在、自足的個體，就像佛家所說的那樣，自性自然圓滿。原來你的自性就是佛啊！

禪不是自私的東西，不是為某個人哪些人所專有的，它的宗旨是使眾人覺悟，從俗世的痛苦中解脫。

玄素禪師在京口鶴林寺做住持的時候，這一天，有一個屠夫來拜訪，希望在他家中為和尚辦齋供。

玄素禪師二話沒說，高興地答應了，並欣然去了屠夫家。眾人對禪師的舉動感到很驚訝。

玄素禪師當然也洞察到僧眾內心的疑問，於是回來後對眾人解釋道：「眾生佛性平等，無論對賢人，對愚人，對善者，對

惡者都是一樣的。凡是可超度的人，我就超度他，使他解脫俗世的煩惱和苦難，又何必去區別眾生的賢愚善惡呢？」

屠夫也好，顯貴也罷，劊子手也好，慈善家也罷，在佛陀眼裡，視之皆平等，哪裡分誰聰明、誰愚鈍、誰善良、誰凶惡呢？所以玄素禪師不但毫不猶豫，還欣然地接受屠夫的邀請去屠夫家做客。

將人分為三六九等，認為覺悟正道，得超得度只是少數特權者的專利，僅僅是人的妄想，違背了佛的本意。有尊卑貴賤分別心的人，永遠不能成為悟者。

心、佛、眾生是沒有差別的，每個人生來就是佛，只是很多人沉淪於俗世，不能自拔，所以迷失了自己的本性，誤認為佛和人不同。

因此，每個人都不必妄自菲薄，只要你願意，願意捨棄一切去修行，你一樣能夠成佛。

滔滔不持戒，兀兀不坐禪。

釅茶三兩碗，意在钁頭邊。

——唐・仰山慧寂

第二章　用心去感悟，禪意無處不在

第三章

修心是紅塵煉心

佛是能磨洗出來的嗎？

南懷瑾先生在講《金剛經》時提到一位燒佛的和尚，就是丹霞天然禪師。

有一次，大夥兒都在佛殿前劓草，大家都拿鍬帶鋤，只有丹霞天然拿了個盆子，當著石頭的面洗起頭來。石頭見他哈哈大笑，於是為他剃度。

後來，丹霞天然禪師在惠林寺遇上天氣奇寒，便焚燒木佛禦寒，院主（就是當家和尚）譏諷他：「你怎麼可以燒佛像呢？」

禪師說：「我燒木想找舍利子。」

院主說：「這是木頭東西，哪裡有什麼舍利子？」

禪師說：「既然不能燒出舍利子，那麼把這兩座也拿來燒吧。」

院主說：燒了佛，這個罪過多大！有因果啊！奇怪的是，這個當家的鬍子、眉毛當時都掉下來，脫了一層皮。佛是丹霞燒的，因果反而到了當家的身上去，這是禪宗裡頭奇怪的公案，是有名的「丹霞燒木佛，院主落鬚眉」的公案。

其實，不僅佛是燒不出來的，磨洗也同樣出不來。

馬祖道一十二歲出家當了和尚，二十六歲時在衡山傳法院結庵而住，常習坐禪。當時南嶽懷讓禪師住持般若寺，得知馬祖道一每天坐禪，是一個有造就的人，準備前往傳法院問馬祖道一。

佛是能磨洗出來的嗎？

　　有一天，懷讓看馬祖道一整天呆呆地坐在那裡坐禪，便見機施教，問道：「你整天在這裡坐禪，圖個什麼？」

　　馬祖道一答道：「我想成佛。」

　　於是，懷讓就拿起一塊磚，在馬祖道一附近的石頭上磨了起來。

　　馬祖道一見此十分驚異，立刻上前問南嶽懷讓禪師道：「師父，您磨磚做什麼呀？」

　　懷讓答道：「我磨磚做鏡子啊。」

　　馬祖道一困惑不解地問道：「磨磚怎麼能做鏡子呢？」

　　懷讓說道：「既然磨磚不能做鏡子，那麼坐禪又怎麼能成佛呢？」

　　燒佛取取暖還行，磨磚能鏡只怕比鐵杵磨針還難，境界也不知高許多倍——活生生是古代禪師的行為藝術。

　　有一天，遵布衲師在清洗佛像，藥山惟儼禪師問道：「『這個』被你這麼清洗，能洗出『那個』來嗎？」

　　遵布衲師從容道：「你把『那個』拿來讓我瞧。」

　　「這個」是指「佛像」，「那個」是指「佛性」。這是弔詭的問題，不知道「那個」的人，一定答不出；知道「那個」的人，也未必能作答。高明的禪師不會落入問者的陷阱，所以能反問之。識趣者，哈哈一笑，算是扯平；不識趣者，只好自討沒趣。獨具慧眼的禪師，不可能如此問話，當然也不可能輕易被考

倒，因為他早已當下識破來者之實力了。佛性不用洗，也無出無入，當下承當即是。

有了過錯——貪、嗔、痴等，勇敢一點，承擔下來，不要再去找理由來搪塞責任。佛性原本不失，原本不增不減。心馳外求，計較思量，徒礙明月之清輝。

頌曰：那個那個，快去尋取，有垢則浴，有破則補。

學佛是不能著相的，否則只會離佛越來越遠，正所謂：學佛一年，佛在眼前；學佛兩年，佛在寺院；學佛三年，佛在天邊。勸諸智者莫痴到這等程度。

岩上桃花開，花從何處來？

靈雲才一見，回首舞三臺。

——覺海法因禪師

心為修行初渡頭

南懷瑾先生說，佛在佛經上說：「心淨則國土淨」，處處都是淨土，處處都是極樂世界，只要心淨就國土淨。

其實，不管儒家、佛家、道家，以及世界上其他宗教，人類一切的修養方法，都是這三個字——善護念。就是好好照應心念，起心動念，都要好好照應你自己的思想。打坐與參禪只

是外在的形式而已，禪就是禪，無形無象，只能用心體悟。

慧能禪師見弟子整日打坐，便問道：「你為什麼終日打坐呢？」

「我參禪啊！」

「參禪與打坐完全不是一回事。」

「可是你不是經常教導我們要安住容易迷失的心，清淨地觀察一切，終日坐禪不可躺臥嗎？」

禪師說：「終日打坐，這不是禪，而是在折磨自己的身體。」弟子迷茫了。

慧能禪師緊接著說道：「禪定，不是整個人像木頭、石頭一樣死坐著，而是一種身心極度寧靜、清明的狀態。離開外界一切物相，是禪；內心安寧不散亂，是定。如果執著人間的物相，內心即散亂；如果離開一切物相的誘惑及困擾，心靈就不會散亂了。我們的心靈本來很清淨安定，只因為被外界物相迷惑困擾，如同明鏡蒙塵，人就活得愚昧迷失了。」

弟子躬身問：「那麼，怎樣去除妄念，不被世間迷惑呢？」

慧能說道：「思量人間的善事，心就是天堂；思量人間的邪惡，就化為地獄。心生毒害，人就淪為畜生；心生慈悲，處處就是菩薩；心生智慧，無處不是樂土；心裡愚痴，處處都是苦海了。在普通人看來，清明和痴迷是完全對立的，但真正開悟的人卻知道它們都是人的意識，沒有太大的差別。人世間萬物皆是虛幻的，都是一樣的。生命的本源也就是生命的終點，結

第三章　修心是紅塵煉心

束就是開始。財富、成就、名位和功勳對於生命來說只不過是生命的灰塵與飛煙。心亂只是因為身在塵世，心淨只是因為身在禪中，沒有中斷就沒有連續，沒有來也就沒有去。」

弟子終於醒悟，禪師的話像暮鼓與晨鐘喚醒了碎裂在生活碾磨裡的人。

一天晚上，明月當空，馬祖道一禪師的三個得意弟子西堂智藏、百丈懷海和南泉普願，興致勃勃地跟隨師父一同賞月。

馬祖道一禪師問三位弟子道：「你們看此境如何？」

西堂智藏答道：「依我看，此時正好焚香以講經說法供佛。」

百丈懷海答道：「照我說呀，此時正是參禪打坐的好時機。」

南泉普願默而不答，拂袖便走。

於是，馬祖道一禪師讚嘆道：「經入藏，禪歸海，唯有南泉普願獨超物外。」

馬祖道一禪師借賞月時的心境，讓三位弟子領悟禪法要旨，西堂智藏迷於對經典的講解，百丈懷海執著於對禪的修行，只有南泉普願不迷執一切法相，獨超物外，達到了精神的絕對無礙。後來，三位弟子相繼開悟，成為著名禪師而各自分化一方，弘揚禪法。

其實參禪的關鍵並不在於打不打坐、說不說佛，而是在於你怎樣去修心，只有心先行進入禪的境界，人才可能修成禪。心是修行的渡頭，生命之舟停靠在那裡。

尋師認得本心源，兩岸俱玄一不全。

是佛不須更覓佛，只因如此便忘緣。

——唐・龜山正原

保持一顆清淨純潔的心

南懷瑾先生在講《金剛經》「第十品」經文之前，先講了一下莊嚴淨土。他說，這是大般若的淨土、佛的淨土，不是僅指西方極樂淨土。所謂莊嚴淨土就是一念不生全體現，是心清淨，心空，真淨土。所以一般人心中的佛國世界及莊嚴佛土，都是因人而異的，愛黃金的人想到的是黃金遍地；愛山水的人，一定夢到佛站在高山頂上，好清淨！好美！這叫做各如其所好，也就是《楞嚴經》上的四句話，「隨眾生心，應所知量，寧有方所，循業發現」。

有一位虔誠的佛教信徒，每天都從自家的花園裡，採擷鮮花到寺院供佛。

有一天，當她正送花到佛殿時，巧遇無德禪師從法堂出來，無德禪師欣喜地對她說道：「妳每天都這麼虔誠地來並以香花供佛，依據經典，常以香花供佛者，來世當得莊嚴相貌的福報。」

信徒非常高興地回答：「這是應該的，每天我來寺禮佛時，

第三章　修心是紅塵煉心

感覺心靈就像洗滌過一樣的清涼，但是，一回到家中，就開始心慌意亂。請問禪師，我這樣一個家庭主婦，如何才能夠在瑣碎煩悶的生活中保持一顆清淨純潔的心呢？」

無德禪師反問道：「妳以鮮花獻佛，相信妳對花草總有一些常識，我現在問妳，如何保持花朵的新鮮呢？」

信徒答道：「保持花朵新鮮的方法，莫過於每天換水，並且於換水時把花梗剪去一截，因花梗的一端在水裡容易腐爛，腐爛後的花梗很難吸收到水分，鮮花就容易凋謝！」

無德禪師說道：「保持一顆清淨純潔的心，道理也是這樣的，我們生活環境像瓶裡的水，我們就是花，只有不停淨化我們的身心，變化我們的氣質，並且不斷地懺悔，檢討，改掉陋習、缺點，才能不斷吸收到大自然的食糧。」

信徒聽後，歡喜作禮謝道：「謝謝禪師的開示，希望以後有機會親近禪師，過一段寺院中禪者的生活，享受晨鐘暮鼓、菩提梵唱的寧靜。」

無德禪師說道：「妳的呼吸便是梵唱，脈搏跳動就是鐘鼓，身體便是廟宇，兩耳就是菩提，無處不是寧靜，又何必要到寺院中生活呢？」

「何以故。莊嚴佛土者。即非莊嚴。是名莊嚴。」

1925年初秋，弘一法師因戰事而滯留寧波七塔寺。

有一天，他的老友夏丏尊來拜訪。看到弘一法師吃飯時，

只有一盤鹹菜。

夏丏尊不忍地問：「難道這鹹菜不會太鹹嗎？」

「鹹有鹹的味道。」弘一法師回答道。

吃完飯後，弘一法師倒了一杯白開水喝。夏丏尊又問：「沒有茶葉嗎？怎麼喝這平淡的白開水？」

弘一法師笑著說：「開水雖淡，淡也有淡的味道。」

弘一法師的境界就在於他有一顆隨鹹隨淡的心，一個人的心靈達到了不隨外物而轉的境界，就是佛的境界了。

學佛的究竟，就是空此一念，俗名叫做現在的現實淨土。所以佛經上說，「心淨則國土淨」，處處都是淨土，處處都是極樂世界，只要心淨就國土淨。

老和尚問小和尚：「風吹旗飄，你說是風動呢還是旗在動？」

小和尚回答道：「是風在動。」

老和尚搖搖頭，小和尚又說：「那麼是旗在動。」

老和尚又搖搖頭說：「是你的心在動。」

事物是隨自己的意願的改變而改變的，這不是說事物本質上的改變，而是在對待事物時，我們最初總是先以主觀去判斷事物的好壞。美麗和醜陋全在於我們心中的映射，不是風動也不是旗動，而是你的心在動。外界的嘈雜是因為你心中有嘈雜。

在這個繁雜喧囂的世界，你若保留了一片清淨的心地，你就

擁有了一顆充實穩妥的心。像弘一法師一樣，人生鹹淡兩由之。

終日看山不厭山，買山終待老山間；

山花落盡山常在，山水空流山自閒。

—— 宋・王安石

不要被一切現象所迷惑

南懷瑾先生在《金剛經說什麼・第八品》中講道，什麼叫做佛法？悟道，悟道沒有一個東西。這裡說的沒有一個東西不是斷見，沒有就是沒有。換句話說，成了佛的人告訴你，他是現在的佛，你儘管打他，這個是妖怪，不是佛。

佛是無法可得，住在無相中。因為，真是大成就的人，絕對地謙和，謙和到非常平實，什麼都沒有。真正的佛不認為自己是佛，真正的聖人，不認為自己是聖人，所以真正的佛法即非佛法。如果你有一個佛法的觀念存在，你已經著相了，說得好聽是著相了，不好聽是著魔了。

用什麼方法才能修禪呢？南懷瑾說，沒有一個法、沒有一個東西叫做道。大徹大悟就是悟到一個沒有東西，你覺得有一個法可學、有個道可得，你就錯了，你已經執著於我相、人相、眾生相、壽者相，即非菩薩。所以禪宗六祖慧能大師悟道

時候的偈子說：

菩提本無樹，明鏡亦非臺。

本來無一物，何處惹塵埃？

就是這個道理，真正的大徹大悟最後悟到的其實就是「空」。禪不是我們貿然想的霧裡看花、水中撈月，禪是霧裡能看到花，水中也能撈到月。

菩提尊者正在山中準備說法，還沒有開始說，忽然從天空中飄灑下來無數的五彩鮮花，還傳來由衷的讚嘆聲。

尊者就問：「誰在空中散花讚嘆？為什麼讚嘆呢？」

空中傳來渾厚的聲音：「我是梵天天神。尊者的《般若經》說得實在太好了！我情不自禁地散花讚嘆。」

尊者反問道：「可是，我還沒有說《般若經》中的一個字呢！你怎麼知道好呢？讚嘆從何說起呢？」

梵天天神意味深長地回答：「是的，尊者沒有說，我也沒有聽到。但是正是像這樣的不說，才是真正地解說智慧；正是像這樣的無聞，才是真正的理解智慧。」

另一則禪宗公案這樣說：

一日，趙州和尚問他的師傅南泉：「什麼是道？」

南泉回答：「平常心是道。」

趙州又問：「有目標可以遵循嗎？」

南泉說：「有目標就錯了。」

趙州又問：「沒有目標可循，又怎麼知道是道呢？」

南泉說：「道不在知的範疇。知是一種妄覺，不知才是真正的智慧。得道的人虛懷若谷，不會被任何事物所束縛、阻礙。」趙州和尚當下大悟。

趙州和尚是從水中撈起月亮了。他的喜悅可想而知。

什麼是學禪的精神呢？這就是學禪的精神，換句話說，不要被一切現象騙了，或迷惑了。就是南懷瑾先生說的，有個廟、有個房子、有件衣服、有個地方，這些都是相；此心不要被佛堂、房子、財產、名譽所迷惑了。大乘菩薩走大乘的路，應該遠離一切相，發起求大徹大悟的菩提之心。

離了一切相，鏡花水月，並非不可能的事情。

欲問義心義，遙知空病空。

山河天眼裡，世界法身中。

──唐・王維

別讓偶像占據心田

在日常生活中我們是靠偶像支撐的，我們成了偶像的陰影和奴隸，可憐巴巴的，我們卻常常歡呼雀躍，忘乎所以。

南懷瑾說，一個人要想真正獲得解脫，成就幸福的生活，就應該學會放下一切。不再執著，就能獲得真正的自由。所以說，諸位千萬不能著相，一著相後來都變成精神病了，這是反覆請求諸位，也是警告諸位，不能著相的道理。任何偶像崇拜都不能成為真正的佛。只有打破你心中的偶像，拋棄一切牛鬼蛇神，才能走上真正的解脫之路。

德山的棒與臨濟的喝，形成禪宗特有的棒喝交加。

有人問：「什麼是菩薩？」

德山宣鑑就用棒子打他：「出去！別到這裡來拉屎！」

「什麼是佛？」

德山宣鑑回答：「佛是西天老騷狐。」

德山宣鑑有一天在堂上說：「我這裡沒有佛，沒有祖，達摩是老臊胡，釋迦牟尼是乾屎橛，文殊、普賢是挑糞工，什麼等覺、妙覺都是凡夫，菩提智慧、涅槃境界都是繫驢的木樁。十二類佛經是閻王簿，是擦瘡的廢紙，什麼四果三賢、初心十地都是守墳的鬼，自身難保。」臨終時，德山宣鑑告誡徒子徒孫道：「捫空追響，勞汝心神。夢覺覺非，竟有何事！」

臨濟上堂道：「三乘教法的十二部經典，是擦拭汙濁的舊紙，佛是虛幻之身，祖師達摩是老比丘。你是娘生娘養的不是？你想成佛，就被佛魔抓住；你想求祖，就被祖魔抓住。如果有所求，都是苦事，不如無事。如果說佛是終極真理，為什

第三章 修心是紅塵煉心

麼他八十歲還死在拘尸那揭城娑羅雙樹下，佛如今在哪裡？顯然他跟我們一樣有生也有死。

「各位道人，你如果想得到真理一般的見解，就不要受人拘惑。向裡向外，當逢著便殺，逢佛殺佛，逢祖殺祖，遇到羅漢就殺羅漢，遇到父母就殺父母，這樣才能真正解脫，不再拘泥於物相，而超脫自在。」

我們崇拜偶像的目的是為了替自己樹立一個榜樣，從而完善自我。但是若在進行偶像崇拜時迷失了自我，那將是十分危險且沒有任何意義的，最終我們將被我們的偶像壓倒自我。

因此，盲目的偶像崇拜是完全沒有必要的，對於我們每一個人而言，我們可以去欣賞和學習偶像某個優秀的地方，但是我們絕對不能因為偶像崇拜而迷失了自我，進而讓自己受到束縛，並且活活地被偶像所壓迫。因此，我們隨時都應該用「丹霞燒佛」的壯舉來提醒自己是否在盲目的偶像崇拜之中喪失了自我的靈魂。禪宗有一句話：「踏破毗盧頂上行。」連佛的境界都要一腳踏開，才能真正成佛。一個修行的人一定不要被偶像壓倒，這樣才能獲得真正的智慧解脫。

春雷一夜打新篁，解籜抽梢萬尺長；
最愛白方窗紙破，亂穿青影照禪床。

—— 清‧鄭燮

世間的事理，一通百通

南懷瑾先生在講《金剛經》時說，「原來佛法無多子」，這是禪宗大師臨濟禪師悟道以後說的，意思是說，原來佛法是這個樣子，無多子。

南懷瑾先生接著解釋說「無多子」這三個字，實際上是當時的土話；用現在的話來講，「無多子」就是這麼一點點東西，沒有什麼多的。佛法並不是多麼玄虛荒誕的事情，真正悟道的人，就會發現原來佛法其實就是在眼前的。而這在一般的眼光看來，卻是如此不可思議。

有個叫智通的和尚三更半夜突然高聲大叫道：「我大悟了，我大悟了……」驚醒了眾多僧人，禪師也被驚醒了。

眾人一起來到那個僧人房裡，禪師問道：「你悟到什麼了？居然在這裡大聲叫嚷，說來聽聽！」

眾人以為他悟到了什麼高深的禪旨。沒想到他一本正經地說道：「我日思夜想，終於悟出了——尼姑原來是女人做的。」

結果自然是可想而知——哄堂大笑！大家心裡暗暗嘀咕：「這也算大悟？」

禪師驚異地看著這個和尚說：「是的，你真的悟道了！」

智通和尚立刻說道：「師父，現在我不得不告辭，我要下山雲遊去了。」

第三章　修心是紅塵煉心

眾僧又大吃一驚，這個和尚實在太傲慢了，悟到了「尼姑是女人做的」，本來就沒什麼稀奇的，可是他居然以此要求下山雲遊，實在是太目中無人了。

可是禪師不是這樣想的，他認為這個和尚是到了下山雲遊的時候了，於是不再挽留他，提著斗笠，率領眾僧，送他出寺。到了寺門外，智通和尚接過斗笠，大步而去，再也沒有任何留戀。

眾僧終於忍不住了，問禪師道：「他真的悟道了嗎？」

禪師感嘆道：「這個和尚實在是前途無量啊！連『尼姑是女人做的』都參透了，還有什麼禪道悟不出來呢？」

「尼姑原來是女人做的」這個道理眾人皆知，可是有誰能從中悟到佛理呢？這句話從智通和尚的嘴裡說出來，卻蘊含著另外一種說不出來的特殊意義。

世間的事理，一通百通。無論看起來多麼神祕複雜的事，其實道理都是很簡單的，荒誕的不是那千奇百怪，荒誕的恰恰是我們本身。

有位禪師，學禪歸來後告訴別人說：「我已真正領悟到眼橫鼻直的真理。所以我空著手回來了。」

眾人聽後，莫不捧腹大笑。可是笑聲過後，他們又都覺得自己的笑聲竟是那樣的空洞。

這正驗證了老子「下士聞道大笑之，不笑不足以為道」的名

言。「眼橫鼻直」這個事實，不經過一番深入修行的人，是無法領悟其中真諦的。

　　石恐禪師和西堂禪師是師兄弟，經常在一起參禪。有一次，石恐禪師開玩笑地問西堂禪師：「你會捉虛空嗎？」

　　沒想到西堂毫不猶豫地回答：「會。」

　　石恐驚奇地問道：「怎麼捉？」

　　西堂禪師用手在空中抓了一下，說：「就這麼捉。」

　　石恐搖了搖頭，說：「你不會捉，不是你那麼捉的。」

　　西堂不服氣地反問道：「那師兄你說該怎麼捉？」

　　石恐一把拽住西堂的鼻子，痛得西堂大叫：「師兄放手，這個虛空會痛的。疼死人了，鼻子快拽掉了！」

　　石恐鬆開師弟，笑著說：「必須這麼捉虛空才行。」

　　西堂摸著紅腫的鼻子，笑呵呵地對師兄說：「多謝師兄指點！」

　　你體會到了嗎？看來，西堂真的捉住虛空了。看似一個荒謬的悖論，卻是一個活生生的可感知的事實。我們唯一能抓住的實有就是空無啊！

　　荒誕將你帶出頭腦，因為頭腦是推理的，透過推理你無法走出頭腦，透過推理，你會向前，向前，但是你只是在繞圈。

　　荒誕中有真諦，靠邏輯、理性是走不出頭腦的。需要不合

邏輯，需要超越理性，需要荒誕、瘋狂——只有它們才能將你帶出來，才能將你帶進禪意的奇妙境界。

我有明珠一顆，久被塵勞關鎖；

今朝塵盡光生，照破山河萬朵。

—— 宋·釋守端

敲不開門的文字磚

南懷瑾說，我們可以想一想佛拿一枝花那麼看一下，到底是什麼意思？真正的佛法，佛用一句話說完了，就是不可思議。這正表示說法者無法可說，沒有一個固定的形態來表達。真正的佛法到了最後是不可說的、是不可思議的；說出來都非第一義，都是第二義。

一則禪宗公案這麼說：

有人問文益禪師：「什麼是第一義？」

文益說：「我如果告訴你，就是第二義。」

文益禪師在這裡所表達的就是，禪是不可說的，不但不可說，甚至是不可思議的。因為人的思維和語言文字都有一定的局限性，而禪是超越思維和語言的領域的，因此，禪不能用語言來表達，不能用思維來思考。

有一次慧能禪師在別人家裡借宿，中午休息的時候，忽然聽見有人在唸經，慧能傾身細聽，感覺有些不對，於是來到那個唸經人的身旁，說道：「你常常誦經文，是否了解其中的意思？」

那個人搖搖頭說：「有一些實在難懂。」

慧能就把那個人剛才朗誦的部分為他做了詳細的解釋：「當我們在虛名浮譽的煙灰裡老去，滿頭白髮的時候，我們想要什麼？當生命的火焰將熄滅，心跳與呼吸即將停止的時候，什麼是我們最後的期盼？當墳墓裡的身體腐爛成屍骸，塵歸塵，土歸土，生命成為毫無知覺的虛空之後，我們在哪裡？」

一時間，天清地明，那個人混沌頓開，似乎看見了生命的曙光。那個人驚異地問慧能佛經上幾個字的解釋，慧能大笑說道：「我不認識字，你就直接問我意思吧！」

那個人聽了他的話感到十分吃驚，說道：「你連字都不認識，怎麼能夠了解意思呢？怎麼能夠理解佛理呢？」

慧能笑著說：「諸佛的玄妙義理，和文字沒有關系。文字只是工具，理解靠的是心、是悟性，而不是文字。騎馬的時候，不一定要有韁繩，那是為那些初學者準備的，一旦入門，就可以擺脫韁繩，在想去的地方自由馳騁。」

的確，禪到極處，不必談禪。所有的語言、文字、思維都是多餘的了。

達摩祖師知道自己將不久於人世了，便召集眾弟子，告訴他們：「我也該離去了，你們談談自己的學業見解吧！」

第三章　修心是紅塵煉心

　　道副自告奮勇，率先發言：「依我的見解，不執著於文字，但也不離於文字，這便是道的妙用。」

　　達摩領首道：「你得到我的皮毛了。」

　　總持比丘沉思後說道：「在我看來，道猶如慶喜看到了佛國，一見便不需再見。」

　　達摩微笑說道：「你得到我的肉了。」

　　道育低眉合掌，緩緩說道：「四大皆空，五蘊非有，以我所見，並無一法可得。」

　　達摩讚許道：「你得到我的骨了。」

　　最後輪到神光慧可了，只見他從容地走到達摩面前，合掌深深一揖，然後回到原位，自始至終一句話也沒說。

　　眾弟子你看我，我看你，都是丈二和尚摸不著頭緒。達摩欣慰地說：「你得到我的真髓了！」

　　達摩當場把袈裟、佛印傳授給神光慧可，讓他接承了自己的衣缽。神光慧可成了中國的「禪宗二祖」。

　　為什麼達摩要將袈裟、佛印傳授給神光慧可呢？並不是神光慧可為求法砍下了一條手臂，而是因為只有他才明白禪是不可說和不可思議的。

　　一天，在維摩會上，三十二菩薩各自說了自己的不二法門。文殊菩薩說：「我對一切的佛法，沒有任何語言可以表達，

既不能開示,也不能認知,不能用問答的形式來表達,這就是菩薩的不二法門。」

同樣,南懷瑾先生講到過文字般若,說它在悟道以後自然發生,不是憑我們的聰明來的。聰明是想出來的,想出來的沒有用。

有一天,一位哲學家來找佛陀,向他請教:「不用語言,也不用非語言,你告訴我真理好嗎?」

佛陀保持沉默。

那個哲學家向佛陀鞠了個躬,感謝佛陀,說:「你的慈悲使我清除了妄念,進入了真理之道。」

哲學家走後,阿難陀問佛陀,哲學家達成了什麼。佛陀答道:「一匹好馬即使只是在鞭子的影子下也能跑。」

「雲在青天水在瓶」,是什麼就是什麼,不要用任何語言來描述,就是這麼不可思議。釋迦牟尼佛的形容真是太絕妙了。

文字只是一塊敲門磚,但它是敲不開門的。

塵網依依三十春,昨非今是不須論;
息交豈獨忘知己,為愛吾廬夏木陰。

—— 明・蓮池大師

迷失時轉回內心的港灣

南懷瑾先生在講《金剛經》時說道,佛、道都在每一個人自己的心中,個個心中有佛,照後世禪宗所講:心即是佛,佛即是心,不是心外求法。以佛法來講,心外求法都屬於外道。我們常常在反其道而行之,我們迷失在外面,只會南轅北轍。

有個和尚問溈山:「什麼是道?」

溈山:「無心是道。」

這僧:「我不懂!」

溈山:「要想明白,還是去問那個不明白的人好。」

這僧:「誰是那個不明白的人?」

溈山:「不是別人,正是你自己。」

接著,溈山又說:「當場體會不領會的,正是你的心,正是你的佛。如果向外求得一知半解,當作禪道,那就錯了。實際那與禪道不相干。並且,還汙染了你的心田,所以說向外求道,是背道而馳。」

香港科幻作家倪匡挽他的好友古龍曰:人間無古龍,心中有古龍。我移用之。禪其實並不在心外,又何須向外尋求呢?

禪不屬於過去、現在、未來任何一刻,它是本來如此。是直指人心、見性成佛的。也是語言所不能描繪的,一說就錯。只

有以心傳心，借佛的精神來靜默體悟，才能接近些許本真。

常言道，真理不能為誰占有，真理只在永遠的追求探索中。只要我們心中有佛，存渴慕追求的心，心中聳立的靈山塔自會從迷霧中顯明。

德山自幼出家，博覽律藏，精通《金剛經》，並嘔心瀝血寫成《青龍疏鈔》。但德山對慧能的「即心即佛」的說法不以為然，他憤憤地說：「不知有多少出家人，花了多少年的工夫，去學佛的威儀和戒行，都未必能成佛。南方這些小廟，居然敢說心就是佛，真是大逆不道。我一定要去搗毀他們的老窩，以報佛恩。」

於是，德山就挑起《青龍疏鈔》南下。當他走到澧州時，路遇一位正在賣燒餅的老婆婆，飢腸轆轆的德山放下擔子，向老婆婆買點心。

只見老婆婆指著地上的那擔《青龍疏鈔》問：「這是什麼書？」

德山回答道：「是《青龍疏鈔》。」

老婆婆又問：「是講哪一部經的？」

德山道：「《金剛經》。」

老婆婆慢悠悠地說：「我有一個問題，如果答得出，免費提供點心；如果回答不出，請到別處去買。」

於是老婆婆問道：「《金剛經》講：『過去心不可得，現在心不可得，未來心不可得。』請問你的點心是哪個？」

第三章 修心是紅塵煉心

德山竟被問得瞠目結舌，啞口無言。老婆婆問德山要哪個「點心」，而能夠點出來的只是有形之心，也就是妄心。妄心不可得，真心不可說。

德山悟道後，把《青龍疏鈔》付之一炬，慨然嘆曰：「窮盡無數思辨玄論，也不過像放在太空中的一根毫毛；用盡天下計謀巧智，也不過像投入山谷裡的一滴水珠。」

德山悟道後才明白佛法其實只在心中，很多人祈求看書唸經修禪成佛，不是在緣木求魚嗎？佛就是自我，自我就是佛啊。

成佛和做人一樣，它需要智慧和積極的行動，關鍵的是自己的膽量和魄力。

南陽慧忠禪師繼承了六祖的衣缽，曾受封國師。他在深山裡苦修了四十年，與世隔絕，沒有任何煩惱與慾念，終於見到了清明的境界。

有一天，有位僧人問他：「怎樣可以成佛？」

慧忠微笑說：「放下，忘掉。」

「怎樣才能物我兩忘？」

「超越一切，無欲無求。」

「佛是什麼？」

慧忠揚眉大笑：「佛就是你的一舉一動、一言一行、一想一念，你就是佛。」

慧海參見馬祖道一，馬祖道一問：「你從哪兒來？」

慧海答道：「從越州大雲寺來。」

馬祖道一又問：「來此做什麼？」

答：「來求佛法。」

馬祖道一說：「自己的寶藏不顧，拋家亂走做什麼！我這裡什麼都沒有，求什麼佛法？！」

慧海就向馬祖道一禮拜，問道：「哪個是我慧海的寶藏？」

馬祖道一說：「如今問我的人，就是你自己的寶藏，一切具備，絕不缺少，你可以自在地使用，為何還向外尋找？」慧海一聽，當下醒悟，識見自己的本心。

宇宙萬事萬物，紛繁複雜，其中的原理並非遠在天邊，遙不可及，而是在我們的心中，向外追求只會漸行漸遠，背道而馳，相反，佛就在心間。

我們若常常內觀自省，除私去欲，淨化心靈的蔽障，使內心清虛無物，就能很清楚地見到真正的自我，原來佛就居住在我們心中。

韶州法海，唐代著名禪師，六祖慧能弟子。

韶州法海最初參見六祖慧能的時候問道：「請為我講解即心即佛。」

慧能答道：「前念不生即心，後念不滅即佛。成一切相即心，離一切相即佛。我若照此說下去，那永遠都說不完。聽我說一偈：

第三章　修心是紅塵煉心

即心名慧,即佛乃定。

定慧等持,意中清淨。

悟此法門,由汝習性。

用本無生,雙修是正。」

法海聽完此偈,明白了什麼是「即心即佛」。並領會慧能所指出的定慧雙修的入門途徑。

於是他拜在慧能門下做徒弟,參禪悟道。後來他也作了一偈讚許道:

即心元是佛,不悟而自屈。

我知定慧因,雙修離諸物。

正如南懷瑾先生所說,真正的佛法,都是從自我的智慧裡透露出來的。因此,若心中有佛,那麼你自身就是佛。佛只在你心中,絕對不在別處,只有向你的內心深處去尋找,你才能找到。

百丈竿頭不動人,雖然得入未為真,

百丈竿頭須進步,十方世界是全身。

——唐・長沙景岑

第四章

悟性是打開智慧之門的鑰匙

第四章　悟性是打開智慧之門的鑰匙

心境沒有界限

　　南懷瑾先生講到般若境界時說，境界就是境界，只能加注解，很難翻譯。有許多外國同學研究如何翻譯境界兩個字，我說假使翻成外文的話，勉勉強強可翻譯成現象，但是那仍屬於自然界的觀念。

　　譬如唐朝有句詩：「千江有水千江月，萬里無雲萬里天。」禪師們常在講悟道，或者般若的部分時，引用到這兩句話。

　　天上的月亮只有一個，照到地上的千萬條江河，每條河裡都有一個月亮的影子，就是千江有水千江月。萬里的晴空，如果沒有一點雲的話，整個的天空，處處都是無際的晴天，所以萬里無雲萬裡天。這是一個很好的境界，許許多多的學禪者都是因為這個境界而悟道的。

　　唐代朗州刺史李翱非常嚮往藥山惟儼禪師的德行，有一天特地親身去參謁，巧遇禪師正在山邊樹下看經，雖知太守來，但是仍無起迎之意，侍者在旁提示，禪師仍然專注於經卷。

　　李太守看禪師這種不理睬態度，忍不住怒聲斥道：「見面不如聞名！」

　　說完便拂袖欲去，惟儼禪師至此才冷冷說道：「太守何得貴耳賤目？」

　　短短一句話，李太守為之所動，乃轉身拱手致歉，並問道：

「如何是道？」

惟儼禪師以手指上下說：「會嗎？」

太守搖了搖頭說不會。

惟儼道：「雲在青天水在瓶！」

太守聽了，欣然作禮，隨述偈曰：

「練得身形似鶴形，千株松下兩函經；

我來問道無餘說，雲在青天水在瓶。」

惟儼禪師生動地為太守點出了修道見道的境界，「雲在青天水在瓶」，這是很自然的，天上的雲在飄，水在瓶子裡，擺在桌上，一個那麼高遠，一個那麼淺近，這就是個境界。

有一個和尚住茅棚的時候，就寫了一副很好的對子：「萬里青天開笑口，三間白屋豎拳頭。」

像彌勒菩薩一樣，哈哈大笑，就是我們喜歡塑的一個咧嘴笑、大肚子的和尚，悟了道，什麼都空掉，什麼都喜歡。三間白屋就是三間空空洞洞的白屋，自己在那裡海闊天空。

南懷瑾先生指出了我們常有的幾種人生境界，他說我們的人生隨時有境界，痛苦的時候想到那些痛苦，痛苦還沒有來的時候，腦海中又隨時出現痛苦的威脅，這是苦惱的境界。高興的時候，又越想越得意。尤其年紀大的人，不大喜歡想未來，因為前面的路程太遠了，沒有力氣走了，專門回頭想少年時代的事。有時候自己坐在那裡想起來，還搖個頭笑一下，回味那個

境界。這些都屬於境界,所以境界可以意會,不可以言傳。

這些境界都是由我們的心境在最裡面操控,有一句坊間廣為流傳的廣告詞說:心有多大,舞臺就有多大。的確,世界大舞臺,舞臺小人生。我們心的修持達到了哪種境界,我們的人生境界就相應地開朗到哪個程度。

唐朝還有一位江州刺史李渤,問智常禪師道:「佛經上所說的『須彌藏芥子,芥子納須彌』未免失之玄奇了,小小的芥子,怎麼可能容納那麼大的一座須彌山呢?過分不懂常識,是在騙人吧?」

智常禪師聞言而笑,問道:「人家說你『讀書破萬卷』,可有這回事?」

「當然!當然!我豈止讀書萬卷?」李渤一派得意揚揚的樣子。

「那麼你讀過的萬卷書如今何在?」李渤抬手指著頭腦說:「都在這裡了!」

智常禪師道:「奇怪,我看你的頭顱只有一粒椰子那麼大,怎麼可能裝得下萬卷書?莫非你也騙人嗎?」

南懷瑾先生在講到《金剛經》「第十品莊嚴淨土分」時說,世界上一切知識的範圍、宗教哲學的境界,都是依一般人自己的心靈造成的。隨眾生心量的大小,你的那個天堂,你的那個佛土,也有大小。應你所知的範圍,量多大,佛國就有多大。

可見心境是沒有界的，你的心靈就是一個小宇宙。真悟道的人，智慧開發是無窮盡的，佛學的名詞叫做無師智，也叫做自然智。自己本有的智慧倉庫打開了，不是老師傳授給你的，是你自己固有的智慧爆發了，天上地下，無所不知。這樣的境界非身臨其境者不能體會。

人生到處知何似，應似飛鴻踏雪泥；

泥上偶然留指爪，鴻飛哪復計東西？

—— 宋・蘇東坡

如何到達智慧的彼岸？

南懷瑾先生在《金剛經說什麼・前言》中說，在所有的佛經，以及後世菩薩高僧大德們的著作中，《金剛經》在學術的分類上，歸入般若部，所以叫做《金剛般若波羅蜜經》。什麼叫般若呢？大致上說，大智慧就叫做般若。

那波羅蜜又是什麼呢？是鳳梨榨出來的甜甜的蜜嗎？非也。是筆者借諧音聯想到的熱帶水果，又因佛陀的故鄉在印度次大陸，在熱帶的緣故。

南懷瑾先生講解，所謂「波羅蜜」，一般的翻譯就是到彼岸，有些最後加一個多字，成為「般若波羅蜜多」。這個「多」字是尾

第四章　悟性是打開智慧之門的鑰匙

音,現在的音來唸,就是「摩訶般若波羅蜜多」,拿古代的梵音唸,就是「摩訶般若波羅蜜達」。「多」就是「達」的音。

般若這個智慧包含五種,就是所謂的五般若,第一種是實相般若,第二種是境界般若,第三種是文字般若,第四種是方便般若,第五種是眷屬般若。五種的內涵就是金剛般若。只有乘這五樣金剛般若香木編合而成的舟,才能渡到波羅蜜。

唐代禪師馬祖道一,俗姓馬,漢州什邡人。在佛教僧侶中,以俗姓稱祖的,可能就是他了。

馬祖道一修禪時曾得到南嶽懷讓禪師的指點。

馬祖道一問南嶽懷讓禪師道:「如何用心,才能達到絕對的最高境界?」

南嶽懷讓禪師答道:「你學明心見性的禪法,如同播撒種子,而我教你的禪法要旨,好比天降甘露,只要條件關係兩者契合,就可以了悟絕對本體。」

馬祖道一又問道:「絕對本體既不是物質,又不是形相,那怎麼才能悟道呢?」

南嶽懷讓禪師答道:「明心見性同不執著於物相都一樣可以悟道。心性包含一切種子,遇甘露即可萌發,既無固定的形相,也沒有成功與敗壞的分別。」

馬祖道一跟隨南嶽懷讓禪師參學有十年之久,後來去江西做方丈。懷讓禪師圓寂後,馬祖道一繼承了他的衣缽。在懷讓

的六位入室弟子當中，只有他得到了心傳。

在南懷瑾先生獨特的眼光裡，所謂般若智慧不是普通的智慧，是指能夠了解道、悟道、修證、了脫生死、超凡入聖的這個智慧。這不是普通的聰明，這是屬於道體上根本的智慧。所謂根本的智慧，也是一個名稱，拿現在觀念來講，就是超越一般聰明與普通的智慧，而了解到形而上生命的本源、本性。可見般若比智慧還智慧啊！

這不是用思想得到的，而是身心兩方面整個投入求證到的智慧。這個智慧才是般若。所以「智慧」兩個字，不能代表般若的整個含義。

那麼，這個像數學公式一樣的「般若＋波羅蜜＝？」，你算出它的答案了嗎？

菩提本無樹，明鏡亦非臺。
本來無一物，何處惹塵埃？

—— 六祖慧能

悟性是打開智慧之門的鑰匙

南懷瑾先生講解說，實相般若就是形而上的道體，是宇宙萬有的本源，也就是悟道、明心見性所悟的那個道體。在佛學

的文字上，悟道就是見到那個道體的空性，叫做實相般若，屬於智慧的部分。

他還說，我們的聰明只是意識部分，局限於現有的知識範圍，以及現有的經驗與感覺、想像的範圍。真正的道體是不可思議的，是不可以用我們普通的知識意識去思想、討論、研究的。

真正的開悟是不會循序漸進地達到的，因為所有循序漸進的事都屬於頭腦上的思維意識，而開悟並不是頭腦的，所有的層次都屬於頭腦，而開悟是超越它的，因此你不可能逐步地開悟，你只有一下子跳進去，你不可能一步一步地上臺階，那兒沒有臺階。開悟就像一個深淵，你或是跳，或是不跳。

唐宋以後，禪宗乾脆不用道，也不用佛，就用「這個」，這個就是那個，那個就是這個，反正都是代名詞而已。

《華嚴經》上說：叫它道也可以，天地也可以，上帝也可以，神也可以，主也可以，佛也可以，真如也可以，涅槃也可以，說了一大堆，一百多個名詞，反正這些都是代號，代表實相般若道體。

世界上很多人都追求這個東西，找到了這個東西才知曉了自己生命的本源，所以，實相般若是屬於般若中最根本的。這個最大的實相就是有產生於無，實有就是虛空的另一種表現。

看來唐僧實在沒為弼馬溫取錯名字啊——悟來悟去原來就是個空嘛！

粉壁朱門事豈繁，高牆烏戶住如山；
莫言城郭無休士，人若無心在處閒。

—— 唐・龍牙和尚

起疑才能有悟

南懷瑾說，中國佛法中的禪宗要你起疑情，有疑才有悟，何況一切眾生本來就在懷疑中。沒有成佛以前處處是問題，生從哪裡來？死向何處去？佛法說有前生，你見過？死後靈魂究竟存不存在？誰能證實？這些都是問題。

禪宗的方法之一就是挑起你的疑情，你說你有痛苦，那麼，痛苦從哪裡來？因為有我，你又是什麼東西？肉體？肉體不是你。真正的我是心，心在哪裡？如此一步一步追問下去，大疑就是大悟，小疑就是小悟。

沒有問題就無所謂答案。

有一個小和尚心中有疑問，始終找不到答案，於是決定去問老和尚。

小和尚問老和尚：「僧人皈依佛門，四大皆空，講究一種虛靜。那麼，我們來世上一遭，究竟為了什麼？究竟還有什麼屬於我們呢？」

「為了自己的心啊，」老和尚開導小和尚說，「屬於我們的太多太多了，自由的身心、超脫的意念，以及藍天白雲、這山那水。」

老和尚看小和尚一臉困惑的樣子，又補充說：「當一個人四大皆空時，這世間的一切就都是他的了。見山是山、見水是水，夢遊四海、思度五嶽，我們還有什麼不可以企及的呢？」

小和尚說：「那麼世間的人們不也擁有這些東西嗎？」

老和尚說：「不！有錢的人，心中只擁有錢；有宅第的人，心中只惦記宅第；有權勢的人，心中只關注權勢……他們擁有某項事物的同時，也就失去了這項事物之外的所有事物。」

這時，太陽落下山腰，月亮從東方升起。山嵐間炊煙拂拂裊裊。小和尚觀望著山水雲月，終於舒心地笑了。

這個小和尚敢疑敢問，所以才會有最後「舒心地笑了」的結果。因此，一個學禪的人，必須學會起疑。

南懷瑾先生講到信心清淨時說，真正的信仰並不是迷信。為什麼不是迷信呢？因為是深解義趣，把道理徹底了解了來學佛，才是一個真正學佛的人。假定學佛學得理不透，盲目地去信仰，盲目地去禮拜，那不能說他是不信；不過，嚴格地說，還屬於盲目迷信的階段。

怎樣才能去除這樣「山重水複疑無路」的迷信呢？南懷瑾先生相對應地指出真正佛法的正信，是要達到「深解義趣」這四個字；先懂得理論以後，再由這個理論著手修持。所以說，一個

真正學佛的人,必須要深解義趣,這個信心才是絕對的正信,這一個法門,才是真正的佛法,才是宇宙中一切眾生自求解脫成佛之路。

所以,南懷瑾先生說,禪宗強調一個「疑」字,就是起「疑情」。「疑」字從哪兒提起呢?從一個「不明白」上提起:不明白自己的本性,不明白講話的是誰,不明白念佛的是誰,不明白自己的本來面目,不明白我是誰……關於起疑情,祖師們留下了很多的公案,公案雖然很多,但是終究只有一個,就是一個「不明白」。這個「不明白」不是簡單的「不明白一句話」。須在這個不明白上認真地疑起來,來回地參究。

一次想不明白,就多想幾次,還可以去問別人,這樣你才能不斷地進步,才有可能最終修成正果。

豔色隨朝露,馨香逐晚風。
何須待零落,然後始知空。

—— 唐・殷益

何為大徹大悟?

南先生說,「絕後再蘇」,要大死一番,下一番功夫,大死一番再醒過來。

所謂大徹大悟，不是嘴巴上講理論，不能騙人的。假使騙人、騙自己說悟了，今天悟了明天仍靠不住，那不是解脫的究竟，所以必須要切實下一番大大的功夫。

絕後再蘇，用在釋迦牟尼佛的歷程上也許最合適吧。我們且來看看釋迦牟尼佛是怎樣大徹大悟的。

在西元前5－6世紀，在喜馬拉雅山山麓和恆河之間有一個小國，它的國王叫做淨飯王。

有一天，正在宮中的淨飯王接到喜報，王后為他生了一個王子。這位王子就是佛教的創始人喬答摩·悉達多。

喬答摩·悉達多的母親在生他之後的第七天就死了，所以他是由他姨母撫養長大的。從小，喬答摩·悉達多就很聰明，無論什麼事情一學就會，而且對任何事情都願意問一個為什麼，非要得出答案不可。

淨飯王非常喜歡小王子，希望有一天小王子能成為一個統一天下的大王。但是老國王總為這個小王子擔心，因為他總願意思考一些在老國王看來十分荒唐的事情。比如他問，同樣是人，為什麼有的人是婆羅門，有的人卻是首陀羅？而且，婆羅門的子子孫孫都是婆羅門，首陀羅的子子孫孫永遠是首陀羅，這又是為什麼？老國王回答不出來，只好說這是上天安排的，但是悉達多說，他不相信，又說他要找到一個讓人人平等的辦法。

悉達多十九歲的時候，同表妹結了婚，家庭生活也十分美滿。有一天，悉達多出城遊玩，看見一位老人拄著木棍，艱難地移動著腳步，走出不遠又看見一個病人倒臥在汙泥中，又遇到一群鳥啄食一具屍體。他問一個過路人，這是怎麼回事。過路人說：「真是少見多怪，這種事經常發生，又不是第一次。」

回宮後，他一直在思考這個問題，十分煩悶和苦惱。

他在想：難道人的一生就不能免除生、老、病、死的痛苦嗎？

又有一天，悉達多看見一個人穿著破爛的衣服，捧著一個瓦缽，表現出一副悠然自得、富足快樂的樣子。王子問隨從這是什麼人。隨從說：「這是出家修道的人。」

悉達多趕忙向修道者行禮，並問他為什麼會這麼快樂。修道者對他說：「世事無常，只有出家人可以得到解脫。」

回宮後，王子又在想那個修道者的話，很激動，並產生了出家的念頭。第二天早晨，他的妻子為他生下一個兒子。消息傳出後，全城都在慶祝淨飯王得了孫子，悉達多有了兒子。但是悉達多在思考了一夜之後，決定出家修道。他悄悄走過妻子的房間，看見她懷抱著兒子，想走進去看上一眼。但是，他終於停住了腳步，嘆息說：「要修道是多難啊！」

終於，他下定決心，拋開妻兒，毅然離開了家。

第二天，悉達多走出了國境，在一條河邊拔劍剃掉自己的頭髮，做了一個修道者。老國王發現兒子不見了，急得要命，

第四章　悟性是打開智慧之門的鑰匙

派人出去尋找，終於在森林裡找到了悉達多，但是他堅決不肯回家。此後，悉達多四處周遊尋訪有名的學者學習哲學，又跟隨苦行僧學道。

當時印度流行「苦行」，就是要用各種苦修的辦法來求道，比如不吃不睡。悉達多也曾經用過這種修行法，結果弄得精神和體力幾乎衰竭，仍然一無所得。後來他意識到，苦行不能得悟大道。

一天，他來到一條小河邊，想洗個澡，把出家後六年來積在身上的汗垢通通洗淨。河邊放牛的小姑娘看到悉達多身心交瘁的樣子，很是擔心，便讓他喝了許多牛奶。悉達多終於恢復了元氣。在他三十五歲那年，他終於想通了解脫人間痛苦的道理，後來，悉達多就到各地去傳教，招收信徒，希望大家相信他說的一切，並且照著去做。佛教就這樣產生了。作為佛教的創始人，悉達多被他的弟子尊稱為釋迦牟尼，意思是釋迦族的聖人。

從釋迦牟尼的修道過程中，我們可以看出，他吃了多少苦，為了修成正果，利益眾生，他簡直是九死一生。

正如南懷瑾先生說的，先要經過懸崖撒手，懸崖撒手是什麼都丟光，不但人世間的一切都丟掉，連佛法也丟掉。一個人在高空撒手跳下來，什麼都沒有，一切都丟得乾乾淨淨，然後才能見到法身。

四威儀內坐為先，澄慮身心漸坦然。
瞥爾有緣隨濁界，當須莫續是天年。

—— 唐・福先招慶和尚

願心，才是般若的源頭

南懷瑾先生講到眷屬般若時說，眷屬般若是跟著悟道的智慧而來的，佛學名詞叫行願，用我們現在的觀念來說，是屬於行為方面的。也就是說，自然發起道德行為，一個人自然就成為至善的人。所謂眷屬就是親戚、朋友、家人等親眷。

活潑奇趣、想像力極其豐富的南先生又問，般若的眷屬又是什麼呢？我們都曉得佛學講的六度，就是布施、持戒、忍辱、精進、禪定、般若。一個修持的人，如何布施，如何守戒，如何忍辱，如何做到禪定的修證功夫，然後才能大徹大悟而成佛。所以在般若的前面，就有這五個相關的眷屬，也就是五個行願，稱為眷屬般若。

現在我們已經曉得般若所包含的內容這樣多，沒有適當的字可以翻譯，所以只能音譯了。般若的內容，包含了悟道之願，換句話說，這個修道的道願，本身就具備了這麼多的內容。可見，願心，才是般若的源頭啊。

第四章　悟性是打開智慧之門的鑰匙

　　正如南懷瑾先生所說，一個人如何能成佛？必須要以願心為第一動因，這點是號稱學佛者應特別注意的，如果沒有依照佛法修持，沒有發這個願心，一切都是「夢幻空花」，毫無用處。即使花上一輩子的時間去修禪，到頭來也是竹籃打水一場空。

　　智德禪師在院子裡種了一株菊花。轉眼三年過去了，這年秋天，院子裡長滿了菊花。到禪院來的信徒們都對菊花讚不絕口：「好美的花兒呀！」

　　有一天，有人開口，想向智德禪師要幾株菊花種到自家的院子裡，智德禪師答應了，他親自動手挑了幾株開得最盛、枝葉最粗的，挖出根鬚送給那人。

　　消息傳開了，前來要花的人絡繹不絕。智德禪師也一一滿足了他們的要求。不久，禪院中的菊花就都被送出去了。

　　弟子們看到滿園的淒涼，忍不住說：「真可惜，這裡本來應該是滿院菊花的呀！」

　　智德禪師微笑著說：「可是，你們想想，這樣不是更好嗎？因為三年之後，就會是滿村菊花了！」

　　「滿村菊花。」弟子們聽師父這麼一說，臉上的笑容立刻就像盛開的菊花一樣燦爛起來。

　　智德禪師說：「我們應該把美好的事物與別人一起分享，讓每個人都感受到這種幸福，即使自己一無所有了，心裡也會充滿幸福，因為這時我們擁有的幸福才是真正的幸福。」

智德禪師的行為雖然令弟子們不解，但是他卻滿心喜悅，這正是一個真正的修佛者、真正的出家人所要擁有的胸懷。一個人只有擁有這樣的行者胸懷，看到眾生的血肉相連、息息相關，才能在修行的道路上日日精進。

發願心，然後自然而然落實到行動上。即使悟到空無的真理，也會效法佛陀，總是以天下蒼生為念。從上面這個故事中，就可以看到這種行者「四海之內皆眷屬」的偉大風範。

有人問臨濟禪師：「深山裡已有很多樹，種樹做什麼？」

臨濟說：「一與山門作境致，二與後人作標榜。」

臨濟的禪風，有很強烈的使命感，無怪乎臨濟宗至今仍蓬勃發展著。禪是很重視「承擔」的，肯承擔的人，才有濟世救人的襟懷，才有大乘慈悲喜捨的行布，才有「一日不作，一日不食」的卓絕豪氣。

即使悟到人生到頭是「竹籃打水一場空」，還是躬身踐行，才是一種行者的大勇禪風。

鼠搖岑寂聲隨起，鴉矯荒寒影對翻。
當此不知誰客主，道人忘我我忘言。

——宋·王安石

無我忘我的境界

南懷瑾說，人，悟到了真正的無我，修行到了真正的無我，就是佛了。這個佛，無我，自然無眾生，無壽者，這就是佛的境界。所以做到了無我就是佛境界，一切凡夫都有我相、人相、眾生相、壽者相，一切觀念的執著，都是因為有我而來，那麼真正無我就是佛境界。

印度的三藏法師自詡神通，他來到慧忠禪師面前，與他驗證。

慧忠謙和地問道：「久聞您能夠了人心跡，不知是否屬實？」

三藏法師答道：「只是些小伎倆而已！」

慧忠於是心中想了一件事，問道：「請看老僧現在心在何處？」

三藏運用神通，檢視了一番，答道：「高山仰止，小河流水。」

慧忠微笑著點頭，將心念一轉，又問：「請看老僧現在身在何處？」

三藏又做了一番考察，笑著說：「禪師怎麼去和山中猴子玩耍了？」

「果然了得！」慧忠面露嘉許之色，稱讚過後，隨即將風行雨散的心念悉數收起，反觀內照，進入禪定的境界，無我相、無人相、無世界相、無動靜相，這才笑吟吟地問：「請看老僧如

無我忘我的境界

今在什麼地方？」

三藏神透過處，只見晴空無雲、水潭無月、人間無蹤、明鏡無影。

三藏使盡了渾身解數，天上地下徹照，全不見慧忠心跡，一時茫然不知所措。

慧忠緩緩出定，含笑對三藏說：「閣下有通心之神力，能知他人一切去處，極好！極好！可是卻不能探察我的心跡，你知道這是為什麼嗎？」

三藏滿臉迷惑。

慧忠禪師笑著說：「因為我沒有心跡，既然沒有，你如何探察？」

無論你的心跡藏得有多深，只要存在，別人就可以探察到。只有無心無我，心外無物，了無痕跡，才能讓人無所察覺，這才是禪的境界。

從前，有一個老禪僧住在庵內，在門上寫「心」字，在窗上也寫「心」字，在牆上還是寫上「心」字。文益禪師對此事評論說：「門上應該寫『門』字，窗上應該寫『窗』字，牆上應該寫『牆』字。」

那個老僧顯然還沒有通達禪的境界，因為他的心中還有「心」這個概念。只有化有心為無心，讓一切都顯現為一切的本來面目，才是真的修為境界。

第四章　悟性是打開智慧之門的鑰匙

齊安國師門下有個和尚，到山裡去採木頭做拄杖，走迷了路，來到法常的茅庵，問：「和尚在這裡住了多久了？」

法常說：「只見四周的山青了又黃，黃了又青。」

那和尚又問：「出山的路往哪兒走？」

法常說：「隨流去。」

和尚回去後告訴齊安。

齊安國師說：「我在江西馬祖道一那裡也見過一個僧人，後來沒有下落，是不是他呢？」就派和尚去找法常。法常卻寫了首偈作為回答：

摧殘枯木倚寒林，幾度逢春不變心，

樵客見之猶不採，郢人何事苦追尋。

一池荷葉衣無盡，數樹松花食有餘。

剛被世人知住處，又移茅舍入深居。

於是，他遷到山的更深處去修習。有一天，他對門徒說：「來莫可抑，往莫可追。」說完就示滅了。

南懷瑾先生在《金剛經》「第二十六品偈頌」提到明代憨山大師的一個故事：

明代憨山大師就講：「荊棘叢中下腳易，月明簾下轉身難。」

一個人學佛處處都是障礙，等於滿地荊棘，都是刺人的。普通人的看法，荊棘叢中下腳非常困難，但是一個下定決心修

無我忘我的境界

道的人，並不覺得太困難，充其量滿身被刺破而已！最難的是什麼呢？月明簾下轉身難。到了完全忘我、忘身，證得了空的一面，清清淨淨的時候，叫你不要入定，不要入清淨的境界，而要行人所不能行，忍人所不能忍，進入這個苦海茫茫中來救世救人，那可是最難的，做不到的。

無我之後還要拯救蒼生實在是難上加難，芸芸眾生能做到心外無物、一無所求就很了不起了。

宋朝雪竇禪師在淮水旁遇到學士曾會先生。曾會問道：「禪師，您要到哪裡去？」

雪竇很有禮貌地回答道：「不一定，也許往錢塘，也許往天台去看看。」

曾會就建議道：「靈隱寺的住持珊禪師跟我很好，我寫封介紹信讓您帶去，他定會好好地待你。」

可是雪竇禪師到了靈隱寺時，並沒有把介紹信拿出來求見住持，一直在大眾中過了三年。曾會於三年後奉令出使浙江時，便到靈隱寺去找雪竇禪師，但是寺僧卻沒有人知道有這麼一個人，曾會不信，便自己去僧房內，在一千多位僧眾中找來找去，才找到雪竇，便問道：「為什麼您不去見住持而隱藏在這裡？是不是我為您寫的介紹信丟了？」

雪竇：「不敢，不敢，因我是一個雲水僧，一無所求，所以不做你的郵差呀！」

雪竇即從袖裡拿出原封不動的介紹信交還給曾會，雙方哈哈大笑。曾會將雪竇引見給住持珊禪師，珊禪師甚惜其才，後蘇州翠峰寺缺住持時，就推薦雪竇任其住持。

所以南懷瑾先生說，小乘的大阿羅漢果證得了，清淨境界證得了，淨土的境界到達了，在大乘戒律上是犯戒的，那是耽著禪定，功德不能圓滿。

憨山大師那句話就是警告，到那個時候再想回轉來就很難了，也許一墮落就是八萬四千大劫。因為在這個清淨境界進入羅漢大定，要很長的劫數里都不肯出定。而做到忘我無我，才能真正幸福。

花非花，霧非霧；夜半來，天明去。

來如春夢幾時多？去似朝雲無覓處！

—— 唐·白居易

第五章

心存善念，行善性

第五章　心存善念，行善性

娛樂至上的時代，找回一顆大悲心

　　南懷瑾講解佛經時認為，所謂情感者，即非情感，是名情感。情感也是虛妄相，但是，如果佛沒有情感，佛不會發大悲心，大悲心即是情感心。

　　相傳釋迦牟尼佛在前一世是一位修行者。他日夜不斷，誠心誠意，鍥而不捨，勇猛精進地修行菩薩道，驚動了天界。天帝為了測試他的誠心，即令侍者化成一隻鴿子，自己則變成一隻鷹，在鴿子後面窮追不捨。

　　修行者看到鴿子的危難情況，挺身而出，把鴿子放進懷裡保護著。老鷹吃不到鴿子，很是不滿，責問修行者說：「我已經好幾天沒吃的了，再得不到吃的就會餓死。修行人不是以平等視眾生嗎？現在你救了它的命，卻會害了我的命啊！」

　　修行者道：「你說得也有道理，為了表示公平起見，鴿子身上肉有多重，你就在我身上叼多少肉吃吧！」

　　天帝使用法力使放在天平上的修行者的肉總是比鴿子肉輕。修行者還是忍痛割下自己的肉，直到割光全身的肉，兩邊重量還是無法相等。修行者只好捨身爬上天平以求均等。

　　天帝看到修行者的捨身，老鷹鴿子全部都變回了原形。天帝問修行者：「當你發現自己的肉已割盡，重量還是不相等，你是否有絲毫的悔意或怨恨之心呢？」

修行者答道:「行菩薩道者應有難行難修、人溺己溺的精神,為了救度眾生的疾苦,即使犧牲生命也在所不惜,怎會有後悔怨恨之心呢?」

天帝被他的慈悲心及無畏的精神所感動,又使用法力,使他恢復原來的健康。

有一句詩說得好:「不俗即仙骨,多情乃佛心。」觀音的全名為「大慈大悲觀世音」,大慈大悲正體現了佛心的深情。一個真正成佛的人不是無情的人,相反,卻是用情最深的人,這種情就是大慈大悲的濟世之情。

智舜禪師,唐代人,一直在外行腳參禪。有一天,他走累了,在山上的樹林下打坐歇息。突然一隻野雞倉皇地向他飛來,渾身血跡斑斑,翅膀上帶著一支箭。隨即一個獵人氣喘吁吁地追趕過來,野雞受傷逃到禪師座前,禪師以衣袖掩護著這隻虎口逃生的小生命。獵人向禪師索討野雞:「大師,請將我射中的野雞還給我!」

禪師帶著耐性,無限慈悲地開導著獵人:「它也是一條生命,放過它吧!」

獵人不同意,反駁道:「我又不是和尚,才不講什麼生不生的。你要知道,我們一家老小好久沒有吃肉了,那隻野雞可是我們的一盤美味!」

獵人堅持要得到那隻野雞,禪師最後沒有辦法,拿起行腳

時防身的戒刀，把自己的兩隻耳朵割下來，送給固執的獵人，說道：「這兩隻耳朵，夠不夠抵你的野雞？分量雖然少了點，味道應該不錯。你就拿回去嘗一嘗吧！」

獵人驚呆了，獵人的心被禪師的慈愛行為所感化，放下了屠刀，走到禪師面前，表示願意追隨禪師，接受教誨。

禪師為了救一隻野雞，甘願捨棄自己的雙耳，這是何等的慈悲！其實，這正是佛教的真諦。

釋迦牟尼佛教導我們說：「救人一命，勝造七級浮屠。」他本身就是慈悲的化身。佛本多情，不過，佛的情感不是痴迷的，一切相即是非相，真正的悲心，沒有悲心的痕跡，只是理所當然地行去，道理就是如此。在佛做來是平常之極的事，我們看來卻驚天地泣鬼神。

一個叫林才的禪宗大師正在打坐，這時來了一個人。他猛地推開門，又砰地關上門。他的心情不好，踢掉鞋子走了進來。林才說：「等一下，不要進來。先去請求門和鞋子的寬恕。」

那人說：「你說些什麼呀？我聽說這些禪宗的人都是瘋子，我原以為那些話是謠言。你的話太荒唐了！我幹嘛要請求門和鞋子的寬恕？這真叫人難堪……那雙鞋子是我自己的！」

林才又說：「你出去！永遠不要回來。你既然能對鞋子發火，為什麼不能請它們寬恕你呢？你發火的時候一點也沒有想到對鞋子發火是多麼的愚蠢。如果你能同憤怒相連，為什麼不

能同愛相連呢?關係就是關係,憤怒是一種關係。當你滿懷怒火地關上門時,你便與門發生了關係,你的行為是錯的,是不道德的,那扇門並沒有對你做什麼事。你先出去,否則就不要進來。」

在林才的開導下,像一道閃電,那人開悟了。他明白了其中的邏輯,它是那麼清楚:「如果你能夠發火,那麼為什麼不能去愛呢?」

於是他去道歉了。也許這是他一生中的第一次,他撫摸著那扇門,淚水奪眶而出,他抑制不住湧出的眼淚。當他向自己的鞋子鞠躬時,他的氣場發生了巨大的變化。他轉身走到林才的面前。林才立刻伸開雙臂擁抱了他。

我們失卻了這樣寶貴的大悲心,我們為了娛樂而娛樂,任由麻木冷漠像陰雲一樣籠罩我們,生命成了一種高效能的刺激,一個娛樂的機器。反觀我們自身,我們最需要的就是在這娛樂喧囂的時代找回一顆大悲心!

大千一粟未為寬,打破娘生赤肉團;
萬法本閒人自鬧,更從何處覓心安。

——清·八指頭陀

第五章　心存善念，行善性

慈是濁世一盞燈

南懷瑾先生在講《金剛經》「第三品」時說，人不過是眾生的一種，一切的動物、生物乃至細菌、有生命的動物都是眾生。有靈性的生命，有感情、有知覺生命的動物，就是眾生的正報。所以眾生不是光指人。

佛教的戒律規定，佛弟子們不但不做飯，連種田也是犯戒的，一鋤頭下去，泥土裡不曉得死多少生命，所以不準種田。夏天則結夏，弟子們集中在一起修行、打坐，不準出來。因為印度是熱帶，夏天蟲蟻特別多，隨便走路就可能踩死很多生命，故不准許。在夏天以前先把糧食集中好了，到了秋涼以後才開始化緣。

弘一法師在為《護生畫集・麟為仁獸》題句時作注說：「兒時讀《毛詩・麟趾章》，注云：『麟為仁獸，不踐生草，不履生蟲。』余諷其文，深為感嘆，四十年來，未嘗忘懷。今撰護生詩歌，引述其義；後之覽者，幸共知所警惕焉。」獸猶如此，人何以堪？弘一法師的慈悲胸懷，包括了一切生靈，令人感佩之極。

有一次，弘一法師到豐子愷家，豐子愷請他坐藤椅。他把藤椅輕輕搖動，然後慢慢地坐下去，起先豐子愷不敢問，後來看他每次都如此，豐子愷就啟問。弘一法師回答說：「這椅子裡頭，兩根藤之間，也許有小蟲伏著。突然坐下去，會把它們壓

死,所以先搖動一下,慢慢地坐下去,好讓它們走避。」

佛法是十分講究「慈悲為懷」的,佛曰:「一滴水中有四萬八千蟲。」而且佛法中不殺生、眾生平等的觀念和教義都極為深刻地體現了佛法對生命的尊重與關懷。的確,生命無論有多麼卑微,在這個世界上都應該有自己的一席之地。

滴水和尚十九歲時就上了曹源寺,拜儀山和尚為師,剛開始時,只被派去替和尚們燒水洗澡。

有一次,師父洗澡嫌水太熱,便讓他去提一桶冷水來沖一下涼。他便去提了涼水來,把熱水調涼了,他先把部分熱水潑在地上,又把多餘的冷水也潑在地上。

師父便罵他:「你這麼冒冒失失的,地下有多少螻蟻、草根,這麼燙的水下去,會壞多少性命。而剩下的涼水,澆水多好,可以活草、樹。你若無慈悲之心,出家又為了什麼呢?」

他於是開悟了,並以「滴水」為號,所謂「曹源一滴水」的故事。曹源既是曹源寺,也是曹溪的源頭,這說明真禪的源頭在六祖慧能修過的曹溪。

關懷生命並不僅僅是去關懷我們人類自身的生命,而是去關懷這世間一切具有生命的生物,哪怕是一隻小小的螞蟻、一株還沒有發芽的小草。

德國著名的哲學家馬丁・海德格(Martin Heidegger)說過,人只有「詩意地棲居在大地上」,你才是作為人而存在的。因此,

第五章　心存善念，行善性

任何一個生命都值得我們去關懷。擁有這樣慈悲心的人，能為他人帶來何其多的溫暖。

仙崖禪師的禪院裡，有位學僧常常晚上爬過院牆，偷偷地去外面遊玩。

仙崖禪師巡夜時，發現牆角有一張高腳的凳子，知道肯定有人出去了，他順手把凳子移開，自己站在凳子的地方，等候學僧歸來。

夜深時，遊罷歸來的學僧，不知凳子已經移走，一腳就踩在仙崖禪師的頭上，隨即跳下地來，看清是禪師，驚慌得不知所措！仙崖禪師卻安慰道：「夜深露重，小心身體，不要著涼，快回去添件衣服。」

全寺大眾，沒有人知道這件事，仙崖禪師也從來沒有提起。但是，自此以後，全寺一百多個學僧，再沒有一人夜遊。

仙崖禪師春風化雨的教導，不是責罵，不是怪罪，而是切切實實以慈悲之心讓學僧知道夜遊的不好。這樣的寬容和恩慈值得我們每一個人效法。

石屋禪師外出，碰到一個陌生人，暢談之下，不覺天色已晚，兩人因此投宿旅店。

半夜，石屋禪師聽到房內有聲音，就問：「天亮了嗎？」

對方回答：「沒有，現在仍是深夜。」

石屋心想，此人能在深夜漆黑中起床摸索，一定是見道很高的人，或許還是個羅漢吧。

於是又問：「你到底是誰？」

「是小偷！」

石屋：「喔！原來是個小偷，你前後偷過幾次？」

小偷：「數不清。」

石屋：「每偷一次，能快樂多久呢？」

小偷：「那要看偷的東西，其價值如何！」

石屋：「最快樂時能維持多久？」

小偷：「幾天而已，過後仍不快樂。」

石屋：「原來是個鼠賊，為什麼不大大地做一次呢？」

小偷：「你有經驗嗎？你共偷過幾次？」

石屋：「只一次。」

小偷：「只一次？這樣夠嗎？」

石屋：「雖只一次，但是畢生受用不盡。」

小偷：「這東西是在哪裡偷的？能教我嗎？」

石屋禪師一聽，就向小偷的胸膛伸出手去，一把抓住說：「這個你懂嗎？這是無窮無盡的寶藏，你將此一生奉獻在此事業上，畢生受用不盡，你懂嗎？」

小偷：「好像懂，又好像不懂，不過這種感受卻讓人很舒服。」

第五章　心存善念，行善性

這個小偷，深深後悔自己偷竊的行為，進而皈依，做了一個禪者。

正如南懷瑾先生所說，佛要教化一切眾生、慈愛一切眾生，對好的要慈悲，對壞的更要慈悲。好人要度、要教化，壞人更要教化。天堂的人要度，地獄裡的更可憐，更要度。這是佛法的精神，所以說要度一切眾生。

慈是濁世一盞燈，照亮人心，讓我們的心房光明開闊。

三十年來尋劍客，幾逢落葉又抽枝。

自從一見桃花後，直至如今更不疑。

—— 靈雲和尚

隨時惦念天下蒼生

禪宗所講的布施主要有三種，第一種財施是外物的，像金錢財物等布施，這叫外布施。第二種法施是精神的，如知識的傳授、智慧的啟發、教育家精神生命的奉獻等，都是精神的布施，這種屬於內布施。第三種是無畏布施，如救苦救難等。

不管是哪一種布施，施者都應該抱持無施的心態，用一種希望他人能夠得到益處的心情來貢獻，那就是宗教家的精神了。必須要做到施者無此念，無人相，無眾生相，無壽者相。受者也

空,施事也空。看到人家可憐應該同情,但是同情就是同情,布施了就沒有事了。做完了以後,「事如春夢了無痕」,無施者,無受者,也無施事,這才是佛法布施的道理。

所以南懷瑾說,佛在這個世界上,以師道當人天的師表,教化一切眾生、救度一切眾生,度完了,他老人家說:再見,不來了。

佛就是這樣,用他無私的慈悲救助世人,心中卻不留一念。

有一天晚上,七里禪師在誦經時,有一個強盜手拿利刃進來恐嚇道:「把錢拿來,否則這把刀就結束你!」

禪師頭也不回,鎮靜地說道:「不要打擾我,錢在那邊抽屜裡,自己去拿。」

強盜搜刮一空,正要轉身時,七里禪師就說:「不要全部拿去,留一些我明天要買花果供佛。」

強盜要離開時,禪師又說道:「收了人家的錢,不說聲謝謝就走了嗎?」

後來強盜因其他案子被捕,衙門審問知道他也偷過禪師的東西,衙門請禪師指認時,禪師說:「此人不是強盜,因為錢是我給他的,他已向我謝過了。」

強盜非常感動,後來服滿刑後,特地皈依七里禪師,成為門下弟子。

心理學家佛洛伊德說過:「我們可以為一個人花費好幾年時

第五章　心存善念，行善性

間，只要能夠幫助他了解自己，就是有意義的。」七里禪師就是做了這樣的大慈大悲的善事，他拯救了這個強盜。

佛經中有一個故事，說遠古時，有一座大森林忽然發生大火，大量樹木被燒著，不少動物家園被毀，四散逃竄。

林中有一隻雉鳥，挺身而出，它拚盡自己微薄之力欲熄滅這場大火。它飛向遠處的河，跳入水中，讓自己的羽毛溼透了，再飛入森林救火。

如此往返，飛來飛去，不以為苦。但是杯水車薪，於事無補，可它還是堅持這樣做，竭力想救滅大火。

這時，天帝見它這麼不辭勞苦，便問道：「你這樣做是為了什麼？」

雉鳥答道：「我只想能救了這場大火，好讓森林中的動物都能得到安身之處而已！森林，是動物賴以為生的。我雖然身體小，但還是有力量的，儘管這力量很微弱，但還算是一分之力。既然還有力量，為什麼不盡力撲救呢？」

天帝於是又問：「你的力量這麼微弱，肯定是撲不滅這場大火的，那你打算做到什麼時候？」

雉鳥答道：「我一直這樣飛來飛去，取水救火，一直到我飛不動了，死了，才會停止。」

雉鳥就是這樣的一隻帶著「傻勁」的鳥，它對他人的愛已經遠遠地勝過了對於自身的愛。它用它那一顆菩提心拯救著他

人，從中所彰顯出來的善良足以讓我們感動。

但是南懷瑾先生同時又告誡我們，徹底地說，眾生不要你度，個個自己會度。

每個眾生都是自性自度。所以六祖悟道以後，對他的師父講：迷時師度，悟後自度。

重要的是有一顆總是懷抱天下蒼生的心，但是最後還得自性自度！

溪聲盡是廣長舌，山色無非清淨身；
夜來八萬四千偈，他日如何舉似人？

—— 宋‧蘇東坡

心存善念，行善性

南懷瑾強調，佛法大乘菩薩道的精神，就是為利益一切眾生而有所作為，一切的作為，都是處處犧牲自我，成就他人；應如是布施，應萬緣放下，利益他人的身心。這才是生命的最高道德，也是佛教作為一種宗教最閃耀的情懷，值得世間每一個心靈向上者皈依。

佛陀降生於古印度，成道後，四處遊化，闡揚著人生的真理，廣說佛法之要，教化了無數的弟子。他就像是慈父，也如

第五章　心存善念，行善性

同黑暗中的一盞明燈！

這一天，佛陀親自巡視著弟子的房間，看見一位比丘躺在床上。於是問道：「你的身體是否安好？心中是否有煩惱？」

這位比丘很想向世尊恭敬地禮拜，於是努力地想撐起身子，但是因為疲憊不堪，根本無法起身。

世尊見狀，慈憫地來到比丘身旁慰問：「怎麼病得這麼重，卻無人照顧呢？」

比丘說：「出家至今，我生性懶散，看見病人也不曾細心照料、關懷，所以自己生病了，也就沒有人願意前來關心，我真是感到慚愧啊！」

佛陀聽完後，便親自清理比丘的排洩穢物，把比丘的房間打掃得乾乾淨淨。

這時帝釋天看到佛陀的慈心，也前來用水洗浴比丘的身體，而佛陀也以手輕輕地撫摸比丘。頓時，比丘身心安穩、全身舒暢，一切苦痛頓時化為清涼。佛陀這時對比丘說：「出家至今甚為放逸，不知勤求出離生死、解脫煩惱，所以才會身染疾苦，希望你從今天起，精進用功。」

比丘聽完後，便至誠向佛陀頂禮懺悔地說：「是啊！承蒙您的探望與庇佑，如果不是佛光普耀、慈悲攝受，恐怕弟子早已身亡，輪迴六道了。弟子從今日起，一定會發大心，上求佛道，普度群迷。」

比丘因為知道真心懺悔並且精勤辦道，後來得證阿羅漢果。

心存善念，行善性

正如南懷瑾先生所說，一個人，如果能夠心存善念，行善性，即使他從來沒有學過佛，他也可以被稱為菩薩。

諾貝爾和平獎得主德蕾莎修女用服侍窮人的方式度過了她仁慈而善良的一生。

她不僅為窮人和孤獨者提供衣食住處；不僅為病人和遭難者提供醫療服務，還給這些人帶去愛心和尊嚴！她立志要服務窮人，所以先變成了窮人，穿上窮人的衣服，一頭扎進貧民窟、難民營和傳染病人之中。她說：「除了貧窮和飢餓，世界上最大的問題是孤獨和冷漠。孤獨也是一種飢餓，是期待溫暖的飢餓。」

她和其他修女一起辦起了兒童之家，收養從路上撿來的先天殘疾的棄嬰，把他們撫養成人，告訴他們「你是這個社會重要的一分子」；還辦有痲瘋病人康復中心，收治照顧那些甚至被親人拋棄的人，讓他們感到自己「並沒有被天主拋棄」；最著名的是她在貧民區創辦的臨終關懷院，使流落街頭的垂死者得以在呵護中度過生命中最後的時光。她說：「這些人像畜生一樣活了一輩子，總該讓他們最後像個人樣。」那些被背進關懷院的可憐人，有的軀體已經被鼠蟻咬得殘缺不全，剛入院洗澡時往往用瓦片才能刮去身上的汙垢，最後他們握著修女的手，嘴角帶著微笑。

德蕾莎修女之所以放棄修道院裡閒適而寧靜的生活，換下修道服而穿上與窮人一樣的衣服，完全是因為德蕾莎修女清醒

第五章 心存善念，行善性

地意識到，居高臨下的給予，接受者會有被施捨的屈辱感覺，這對一個人的尊嚴是極有害的，他的心態可能會出現敵意，而不是和諧與和平。她親手握住快要在街頭橫死的窮人的手，給他們臨終前最後的一絲溫暖，讓他們含著微笑離開這個殘酷的世界。

德蕾莎修女不只是一位社會工作者，為了要服務最窮的人，她的修士修女們都要變成窮人，修士們連手錶都不準戴，只有如此，被修士修女們服務的窮人才會感到有一些尊嚴。在德蕾莎修女的垂死之家，病人有人照顧，即使最後去世，在去世以前，至少感到了人間的溫暖，因為修士修女們都非常和善，他們盡量地握病人的手，如果病人情形嚴重，一定有人握住他的手，以便讓他感到人類對他的關懷。其中有個老人，在搬來的那天傍晚就斷了氣，臨死前，他拉著德蕾莎修女的手，用孟加拉語低聲地說：「我一生活得像條狗，而我現在死得像個人，謝謝了。」

南懷瑾先生說，世界上所有的人都是菩薩。一切眾生，只要具備靈性的，都是因地上的菩薩。成就了的菩薩，叫果地上的菩薩。

南懷瑾先生說，菩薩要來布施。怎麼菩薩還要來布施呢？其實不僅是菩薩，就連釋迦牟尼佛都還要布施。在佛教的戒律上看到許多地方，佛陀帶領一般弟子修行，學生中有眼睛看不見的，佛陀幫他做事情，那些弟子就問他老人家怎麼還來幫忙呢？佛陀說我也是要培養功德，一個人做功德是無窮無盡的。

做好事是不分尊卑地位的,也沒有夠的時候。不要以為自己至高無上、崇高偉大,好像功德圓滿了,那就算成了佛,也已經不值錢了。

所以佛陀的偉大也就在此,他永遠不斷地以身作則,不斷地善行培養功德。一切菩薩修持善果,修持功德,永遠都是無窮盡的。

1979 年,諾貝爾和平獎授予了德蕾莎這位除了仁慈和善良一無所有的修女。如果德蕾莎修女不能被稱為菩薩,那麼,還有什麼人能夠被稱為菩薩呢?

若欲求除滅,無量諸過惡;
應當一切時,勇猛大精進。

—— 《華嚴經》

「施」比「受」更有福

在佛教看來,一個修行佛法的人,第一位的就是施行布施。所以南懷瑾說,真正證道悟得般若的人沒有一個會是自私的,不會走小乘的路線,而是布施第一。過施捨的人生,你將獲得意想不到的回報。

禪是一盞燈,照亮自己,更照亮別人。

第五章　心存善念，行善性

有一位僧人走在漆黑的路上，因為路太黑，僧人被行人撞了好幾下。他繼續向前走，看見有人提著燈籠向他走過來，這時候旁邊有人說：「這個瞎子真奇怪，明明看不見，卻每天晚上打著燈籠！」

僧人被那個人的話吸引了，等那個打燈籠的人走過來的時候，他便上前問道：「你真的是盲人嗎？」

那個人說：「是的，我從生下來就沒有見到過一絲光亮，對我來說白天和黑夜是一樣的，我甚至不知道燈光是什麼樣的！」

僧人更迷惑了，問道：「既然這樣你為什麼還要打燈籠呢？是為了迷惑別人，不讓別人說你是盲人嗎？」

盲人說：「不是的，我聽別人說，每到晚上，人們都變成了和我一樣的盲人，因為夜晚沒有燈光，所以我就在晚上打著燈籠出來。」

僧人感嘆道：「你的心地多好呀！原來你是為了別人！」

盲人回答說：「不是，我為的是自己！」

僧人更迷惑了，問道：「為什麼呢？」

盲人答道：「你剛才過來有沒有被人碰撞過？」

僧人說：「有呀，就在剛才，我被兩個人不留心碰到了。」

盲人說：「我是盲人，什麼也看不見，但我從來沒有被人碰到過。因為我的燈籠既為別人照了亮，也讓別人看到了我，這樣他們就不會因為看不見而碰到我了。」

僧人頓悟，感嘆道：「我辛苦奔波就是為了找佛，其實佛就在我的身邊啊！」

僧人的感悟其實正說明佛的境界，一個將布施放在第一位的人，就無愧於佛的稱號了。相反，如果一個人不知道布施為何物，甚至明知布施的好處而不去實施，一定不會有所成就。他明明是布施者，卻心懷感謝，這是何等偉大的心胸。而不知感恩的人，接受了布施也不會發自內心感謝的。就是那麼一毛不拔。

傳說有一天，閻王正在分發小鬼們投胎的去處。閻王在宣判：「張三你到東村投胎做人，李四你到西村投胎做人……」地獄中聲聲不斷，閻王依次分派。

這時，一隻等在一邊的猴子，忍不住開口說：「閻王，那些小鬼你都讓他們去投胎做人，你就發發慈悲心腸，讓我這隻猴子，也去嘗嘗做人的滋味吧。」

閻王說：「猴子啊，人的身上沒有長長的毛，而你全身上下長滿了毛，怎麼能去做人呢？」

猴子說：「我把身上的毛拔光，不就可以到人間去了嗎？」

閻王經不起猴子的再三哀求，答應幫助猴子拔毛。閻王伸手拔了一根毛，猴子痛得「嗷嗷」直叫，一溜煙地逃走了。

閻王嘆了一口氣說：「連一毛都捨不得拔，還怎麼有資格做人呢？」

第五章 心存善念，行善性

這則故事給了我們很好的啟示。布施不但是成佛的根本，甚至是做人的根本，一個總是保全自己、不知布施的人，可能連做人的資格都沒有。

誠拙師父要建造一個更大的房子，因為他講道的場地非常擁擠。

有一個商人梅津決定捐送 500 塊金子用來建造新的房子。梅津拿錢給誠拙，誠拙說：「好，我收下。」

梅津給了誠拙大袋金子，但是他非常不滿意誠拙的態度，因為他是給了一筆很大數目的錢 —— 一個人全年的生活只需要 3 塊金子。而誠拙甚至都沒有謝謝他。

「那個袋子裡有 500 塊金子。」梅津提醒道。

「在此之前你告訴過我。」誠拙說。

「即使我是一個富有的商人，500 塊金子也是一大筆錢。」梅津說。

「你是不是想要我為此謝謝你？」誠拙說。

「你應該謝謝我。」梅津說。

「為什麼我應該謝謝你呢？」誠拙說，「給予者應該感謝。」

這就是南懷瑾先生說的，佛教講布施是法布施、財布施、無畏布施，一切的布施，菩薩道都在其中了。菩薩道就是救助了別人，向別人布施，還要感謝的大乘精神。

三間茅屋從來住，一道神光萬境閒；
莫把是非來辨我，浮生穿鑿不相關。

—— 唐・隱山和尚

生命的延長線 —— 育才之道

南懷瑾先生在《金剛經說什麼・第八品》中講道，佛強調智慧的重要、教化的重要、教育的重要。前面講到，一個人拿一佛世界的七寶布施，這個人福報是很大。但是，假使有一個人，對《金剛經》有些了解或者對四句偈了解了，再勸導人家，解脫了人家的煩惱，這個人的福報，比布施三千大千世界七寶的福報，還要來得大。

一個年輕人去拜訪一位住在大山裡的禪師，與他討論關於美德的問題。

這時候，一個強盜也找到了禪師，他跪在禪師面前說：「禪師，我的罪過太大了，很多年以來我一直寢食難安，難以擺脫心魔的困擾，所以我才來找你，請你為我澄清心靈。」

禪師對他說：「你找我可能找錯人了，我的罪孽可能比你的更深重。」

強盜說：「我做過很多壞事。」

第五章　心存善念，行善性

禪師說：「我曾經做過的壞事肯定比你做的還要多。」

禪師又說：「我殺過很多人，只要閉上眼睛我就能看見他們的鮮血。」

強盜又說：「我也殺過很多人，我不用閉上眼睛就能看見他們的鮮血。」

強盜說：「我做的一些事簡直沒有人性。」

禪師回答：「我都不敢去想那些我以前做過的沒人性的事。」

強盜聽禪師這麼說，便用一種鄙夷的眼神看了看禪師，說：「既然你是這樣一個人，為什麼還在這裡自稱禪師，還在這裡騙人呢？」

於是他起身，一臉輕鬆地下山去了。

年輕人在旁邊一直沒有說話，等到那個強盜離去以後，他滿臉疑惑地向禪師問道：「你為什麼要這樣說？我了解你是一個品德高尚的人，一生中從未殺過生。你為什麼要把自己說成是個十惡不赦的壞人呢？難道你沒有從那個強盜的眼中看到他已對你失去信任了嗎？」

禪師說道：「他的確已經不信任我了，但是你難道沒有從他的眼睛中看到他的如釋重負嗎？還有什麼比讓他棄惡從善更好的呢？」

年輕人激動地說：「我終於明白什麼叫做美德了！」

這時，遠處傳來那個強盜歡樂的叫喊聲：「我以後再也不做

壞人了！」這個聲音響徹了山谷。

南懷瑾先生接著說，假使有這樣一個人，不要說受持全部的《金剛經》，只要中間的四句偈，能夠真正領悟了，有所領受，而保持境界，然後再來教導別人，為他人解說，這個人的福報，比用全宇宙財寶布施的福報還要大。

這樣說來，那講《金剛經》的人，福報就大得不得了了，大得沒有辦法裝了，連宇宙都裝不下了吧！這個福報是無為之福、清淨的福，可不是世間的福。

一個信徒在佛殿禮好佛後，便到花園散步，碰巧看到園頭（負責園藝的僧人）埋首整理花草，只見他一把剪刀在手中此起彼落，將枝葉剪去，或將花草連根拔起，移植到另一盆中，或對一些枯枝澆水施肥，給予特別照顧。

信徒不解地問道：「園頭禪師，照顧花草，你為什麼將好的枝葉剪去？枯的枝幹反而澆水施肥，而且從這一盆搬到另一盆中，沒有植物的土地，何必鋤來鋤去？有必要這麼麻煩嗎？」

禪師道：「照顧花草，就像教育你的子弟一樣，人要怎麼教育，花草也是。」

信徒聽後，不以為然道：「草樹木，怎能和人相比呢？」

園頭禪師頭也不抬地說道：「照顧花草，第一：對於那些看似繁茂，卻生長錯亂，不合規矩的花，一定要去其枝蔓，摘其雜葉，免得它們浪費養分，將來才能發育良好；就如收斂年輕

第五章　心存善念，行善性

人的氣焰，去其惡習，將其納入正軌一樣。

「第二：將花連根拔起植入另一盆中，目的是使植物離開貧瘠，接觸沃壤；就如使年輕人離開不良環境，到另外的地方接觸良師益友，求取更高的學問一般。

「第三：特別澆灌枯枝，實在是因為那些植物的枯枝，看來已死，內中卻蘊有無限生機；不要以為不良子弟，都是不可救藥，對他灰心放棄，要知道人性本善，只要悉心愛護，照顧得法，終能使其重生。

「第四：鬆動曠土，實因泥土中更有種子等待發芽。就如那些貧苦而有心向上的學生，助其一臂之力，使他們有新機成長茁壯！」

這個信徒非常欣喜地說道：「園頭禪師，謝謝您為我上了一堂育才之課！」

《涅槃經》雲：「情與無情，同圓種智。」世界上沒有不可救的生命，沒有不可教的人才。寺院山門往往供一尊笑容滿面的彌勒佛像，意思是用慈悲（愛）攝受你，但是彌勒佛的背後，卻供了一尊手拿降魔杵的韋馱聖像，意思是用威武（力）折服你，父母師長對年輕子弟，一面授予愛的攝受，一面給予力的折服，子弟不會不成材的！

雲巖寂寂無窠臼，燦爛宗風是道吾；
深信高禪知此意，閒行閒坐任榮枯。

──宋・草堂禪師

第五章　心存善念，行善性

第六章

世上沒有
過不去的障礙

如何才能頓悟？

禪宗又被稱為頓宗，是什麼意思呢？是因為禪宗講究「頓悟」，什麼是頓悟？一個人，參禪學佛往往要經歷很久的時間，但是，修禪不能完全靠漸修，必須有一次智慧的飛躍。怎樣才能達到智慧的飛躍呢？這就是「頓悟」。頓悟是修禪成佛的必經階段。

南懷瑾講解佛經時說，「一時」的意思非常好，真正悟道，就沒有時間觀念。一個人必須要在一時、一剎那之間頓悟，才有成佛的可能。

唐代的智閑和尚曾拜靈佑禪師為師，有一次，靈佑問智閑：「你還在娘胎裡的時候，在做什麼事呢？」

「還在娘胎裡的時候，能做什麼事呢？」他冥思苦想，無言以對。於是說：「弟子愚鈍，請師父賜教！」

靈佑笑著說：「我不能說，我想聽的是你的見解。」

智閑只好回去，翻箱倒櫃查閱經典，但沒有一本書是有用的。

他這才感悟道：「本以為飽讀詩書就可以體會佛法、參透人生的哲理，不想都是一場空啊！」

灰心之餘，智閑一把火將佛籍經典全部燒掉了，並發誓說：「從今以後再也不學佛法了，省得浪費力氣！」

於是他前去辭別靈佑禪師，準備下山，禪師沒有任何安慰

他的話,也沒有挽留他,任他到自己想去的地方。

智閒來到一個破損的寺廟裡,還過著和原來一樣的生活,但是心裡總是放不下禪師問他的話。

有一天,他隨便把一片碎瓦塊拋了出去,瓦塊打到一棵竹子上,發出了清脆的聲音。智閒腦中突然一片空明,內心澎湃。他感到了一種從未體驗過的顫抖和喜悅,感受到了禪悟的境界。

他終於醒悟了:「只有在生活實踐中自悟自證,才能獲得禪旨的真諦。」於是立即趕到靈佑禪師身邊說:「禪師如果當時為我說破了題意,我今天怎麼會體會到頓悟的感覺呢?」

不管是做什麼事,想要獲得成功,都需要功夫。一種技術、技巧都需要下功夫學會,還要再下更多功夫學精。投機取巧的事是不會長久的,即使是竅門或捷徑,也是功夫和經驗累積達到熟能生巧的結果。一個人想要修養內心,更需要功夫,功夫到了,你就會在一瞬間開悟。

在佛經中就記載了「拈花微笑」的動人故事,將心靈修養覺悟等妙不可言的境界展現得淋漓盡致:

相傳釋迦牟尼佛在靈山法會上,手裡拈著一朵花,對著大眾微笑,聽說就在那拈花示眾和微笑之間,已經把所有的佛法都道盡了,把生活的智慧和藝術說得淋漓盡致了。但是在法會上的大眾,都面面相覷,不知道佛陀是什麼意思。這時座中有一位叫迦葉的弟子,對佛陀報以會心的微笑,就這樣發生了禪

宗的第一次傳燈。他們師徒之間完全會心，心傳密付了。釋迦牟尼便對迦葉說：「吾有正法眼藏，涅槃妙心，實相無相，微妙法門，不立文字，教外別傳，付囑摩訶迦葉。」

這一拈一笑間便傳遞了一切，也包容了一切，它綻放著心靈的和諧、完美與圓融。它使我們在發現生命的意義的同時也看到了真正的自己。

很多人看到這個故事之後就會覺得，原來開悟這麼簡單啊，其實，為了這次覺悟，迦葉在背後下了多少功夫又有誰知道呢？覺悟還是一種智慧，它是長時間思考後靈感在一瞬間迸發出的光芒，它也是歷經人生後那無言的微笑。

一個人要想獲得成功，千萬不能心存僥倖，只有透過實實在在的努力，才能在一瞬間獲得靈感，實現人生的飛躍。

本淨本不覺，由斯妄念起。
知真妄即空，知空妄即止。

—— 唐・宗密

樸實平和地面對生活點滴

每個人都有自己的自性，也就是自己的本心。南懷瑾先生說，真正的這個自性是不生不滅的，這個自性是空性，空性必

須要無我才能達到。當你修證到一個無我的境界，就得到一個智慧，就是唯識中所講的平等性智。無我就無人，無人就無他，無眾生相，無煩惱，無一切等等。一切皆空，即無眾生之相。

保持我們的本心，樸實平和地面對生活的點點滴滴，我們就能跳出塵緣外，不落世俗中。

釋迦牟尼在一次法會上講了這樣一個故事：

有位富商討了四個妻子：第一個妻子伶俐可愛，整天作陪，寸步不離；第二個妻子是搶來的，長得如花似玉，很美麗；第三個妻子沉溺於生活瑣事，讓他過著安定的生活；第四個妻子工作勤奮，東奔西忙，使丈夫根本忘記了她的存在。

有一天，商人就要去世了，為了測驗一下哪個妻子是真心對自己的，他決定考驗一下四個妻子，於是商人把四個妻子叫到面前，對她們說：「我就要死了，妳們平常都說對我好，如今誰願意和我一起去陰間遠行呢？」

第一個妻子說：「你自己去吧，我才不陪你呢。」

第二個妻子說：「我是被你搶來的，本來就不情願，我才不去呢！」

第三個妻子說：「儘管我是你的妻子，可我不願受風餐露宿之苦，我最多送你到城郊！」

第四個妻子說：「既然我是你的妻子，無論你到哪裡去我都跟著你。」

第六章　世上沒有過不去的障礙

於是，商人欣慰地點點頭，與世長辭了。

佛陀接著解釋說：「各位，這位商人就是你們自己。第一個妻子是指肉體，死後是要與自己分開的；第二個妻子是指財產，它生不帶來，死不帶去；第三個妻子就是指你自己的妻子，活著時兩人相依為命，死後還是要分道揚鑣；第四個妻子是指你的自性。人們時常忘記她的存在，但是她卻永遠陪伴著你。」

是的，世間眾生總是智慧顛倒，珍愛前三個妻子，而冷落第四個妻子，其實，真正能和你永遠在一起的，只有第四個妻子──你的自性。一個人要想真正看清自己，就有必要看清自己的本來面目，那第四個妻子才是你需要真正去看清的呀。

不俗即仙骨，在俗世紅塵中，要保持超凡脫俗，何其困難！塵緣是一張網，我們的掙扎只會越來越緊，不若斷然跳出，改邪歸正，順著真理而行。

因緣如幻夢，何終復何始？

此是眾生源，窮之出生死。

──唐・宗密

世上沒有過不去的障礙

南懷瑾說，佛法只有實證，你證到了以後才知道，是法不可說，不可說，凡是說的都不對。因此，我們可以這麼說，佛法不是虛玄的，而是一個修證的事實。每個想要有所成就的人，都只有付諸實踐才能獲得真正的解脫。

弟子們問禪師：「老師，如何才能成功呢？」

禪師對弟子們說：「今天我們只學一件最簡單也是最容易的事。每人把手臂盡量往前甩，再盡量往後甩。」說著，禪師示範了一遍，說道：「從今天開始，每天做300次。大家能做到嗎？」

弟子們疑惑地問：「為什麼要做這樣的事？」

禪師說：「做完了這件事，一年之後你們就知道如何能成功了！」

弟子們想：「這麼簡單的事，有什麼做不到的？！」

一個月之後，禪師問弟子們：「我讓你們做的事，有誰堅持做了？」

大部分的人都驕傲地說道：「我做了！」

禪師滿意地點點頭說：「好！」

又過了一個月，禪師又問：「現在有多少人堅持了？」

結果只有一半的人說：「我做了！」

第六章　世上沒有過不去的障礙

一年過後，禪師再次問大家：「請告訴我，最簡單的甩手運動，還有幾個人堅持了？」

這時，只有一人驕傲地說：「老師，我做了！」

禪師把弟子們都叫到跟前，對他們說：「我曾經說過，做完這件事，你們就知道如何能成功了。現在我想要告訴你們，世間最容易的事往往也是最難做的事，最難的事也是最容易的事。說它容易，是因為只要願意做，人人都能做到；說它難，是因為真正能做到並持之以恆的，終究只是極少數人。」

後來一直堅持做的那個弟子成為禪師的衣缽傳人，在所有的弟子中只有他成功了！

佛法是需要修證的，一個人去修證、實踐佛法不一定能成佛，但是一個不去修證、實踐的學佛者則絕不可能獲得解脫。實證佛法是一個艱苦的過程，我們可以透過一個故事來了解一下。

善靜和尚27歲時，棄官出家，他去樂普山投奔元安禪師，禪師令善靜管理寺院的菜園，在勞作的過程中修行。

有一天，寺內一位僧人認為自己已經修行成功，可以下山雲遊了，就到元安禪師那裡向他辭行。當然，下山是要得到禪師的批准的。

元安禪師聽了僧人的請求，笑著對他說：「四面都是山，你往何處去？」

僧人無法想出其中蘊含的禪理，只好轉身回去。那人無意

走進了寺院的菜園子。

善靜正在鋤草，看見僧人愁眉苦臉的樣子就驚訝地問：「師兄為何苦惱？」

僧人就將事情的來龍去脈一五一十地告訴了他。

善靜馬上想到「四面的山」就是暗指「重重困難」「層層障礙」。元安禪師實際上是想考考僧人的信念與決心。可惜，僧人參透不了師父的旨意，善靜於是笑著對僧人說：「竹密豈妨流水過，山高怎阻野雲飛。」意思是：只要有決心，有毅力，任何高山都無法阻擋。

僧人於是來到元安禪師那裡，對禪師說：「竹密豈防流水過，山高怎阻野雲飛。」

僧人以為師父一定會開顏誇獎他，然後準他下山，誰知元安禪師聽後，先是一怔，繼而眉頭一皺，兩眼直視僧人道：「這肯定不是你擬的答案！是誰幫助你的？」

僧人見師父已經察覺，只好把善靜和尚的名字說了出來。

元安禪師對僧人說：「管理菜園的僧人善靜和尚，將來一定會有一番作為的！多學著點吧，他都沒有提出下山，你還要下山嗎？」

世上無難事，只怕有心人！世上沒有不可踰越的障礙，關鍵在於自身，只要下定決心，一切困難都能迎刃而解。若想人生道路通暢無阻，除了務實力行，別無他途。

第六章　世上沒有過不去的障礙

> 塵勞迴脫事非常，緊把繩頭做一場；
> 不是一番寒徹骨，怎得梅花撲鼻香。
>
> ——唐·裴休

苦海需自救

南懷瑾先生說，佛開始就講，一個人學佛發願，使一切眾生皆入涅槃，度一切眾生，實在沒有一個眾生可度的。為什麼？眾生自性自度，所以，「一切有為法，如夢幻泡影，如露亦如電，應作如是觀。」如如不動，不住法相。他為什麼說眾生沒有一個是所度，都是靠自性自度的呢？

六祖悟道以後，對五祖弘忍說：「迷時師度，悟後自度。」南懷瑾說，眾生都是自性自度，在佛教早晚功課中要唸道，「自性眾生誓願度，自性煩惱誓願斷」，都是自性自度中。知道苦海需要自救，坐等他人來度自己，無疑是痴人說夢。

唐代的一位禪師——金華山的俱胝和尚，他始終沒有出來參學過。有一天，他要出來參學，夜裡，虛空中一個聲音告訴他：你不要出去，有肉身菩薩親自來向你說法。

第二天天龍和尚來看他，他就問天龍什麼是佛法？天龍和尚是大禪師，手一指，俱胝就大徹大悟了。所以俱胝和尚悟道

一點都不吃力,他得的是一指禪。以後他說法,什麼是佛法?手指一比,你懂得也是這個,不懂得也是這個,第二句話也不說,很多人因他這麼一指也悟道了。

他的徒弟小沙彌,跟他好多年,看到人家跟師父磕頭啊,頂禮啊,求佛法啊,師父總是手一指,這個。

這一天師父出門了,有人來找師父問佛法,小沙彌想,我師父那個佛法,我也知道。

那個居士就跪下來,說:「小師父,那請你告訴我。」

小沙彌也手一指,這個!那個人也悟道了。

小沙彌很高興,原來師父的佛法就是這個樣子。等到俱胝和尚回來,小和尚向他報告,今天來個居士,我接引他悟道了,就說了經過。

師父「哦」了一聲就進去了,轉身又出來了,對小沙彌說,你再說一遍怎麼接引人?那小和尚就把手一指說,這個。師父等他指頭一伸出來,一刀把他指頭砍斷了,血流不止,小和尚又痛又叫,悟道了。

如果不懂裝懂,那隻能是自欺欺人,因此,自性還需自度,千萬不能自欺欺人。

佛印禪師與蘇東坡同遊靈隱寺,來到觀音菩薩的像前,佛印禪師合掌禮拜。

忽然,蘇東坡問了一個問題:「人人皆念觀世音菩薩,為何

祂的手上也和我們一樣，掛著一串念珠？觀世音菩薩念誰？」

佛印禪師：「念觀世音菩薩。」

蘇東坡：「為何亦念觀世音菩薩？」

佛印禪師：「祂比我們更清楚，求人不如求己。」

神會禪師問慧能禪師：「師父坐禪時，是見還是不見？」

慧能打了他三拄杖，問他：「我打你是痛，還是不痛？」

神會：「我感覺也痛，也不痛。」

慧能：「那我是也見，也不見。」

神會：「什麼是也見，也不見？」

慧能：「我見，是因為常見自己的過錯；不見，是因為我不見他人的是非善惡。至於你不痛，那麼你便像木石一樣沒有知覺；如果是痛，那麼就像俗人一樣會有怨憤之心。見和不見，都是兩邊的執著，痛和不痛都是生滅的現象啊！你還沒有見到自性。」

神會聽了大為慚愧，立刻向慧能行禮。慧能諄諄地教導他：「你如果心迷不見，就請教大德高僧。你如果心悟見性，就依法修行。你自迷不悟，卻來問我見與不見，我悟不能代替你悟；你悟也不能代替我悟。為什麼不自證自見，反問我見與不見？」

神會再次行禮，禮拜了上百次，求師饒恕，之後成為慧能最虔誠的信徒。

正合南懷瑾先生說的，就像老師教學生一樣，千千萬萬個

學生,有的學生將來學問好,都是他自性自度的,你教他不過是刺激他一下,使他自己的智慧打開而已。因此千萬不要以為是老師那裡傳了一個咒子,就像針灸的那一針,穴道扎對,就不痛了。他不痛並非是你那個針有多麼靈光,而是他的氣血走通了。

所以,那是智慧的傳授,佛說沒有度人;度盡一切眾生,祂說沒有一個眾生是祂度的,自性自度,個個都是佛,只要你平實地去做。

未曾生我誰是我?生我之時我是誰?
來時歡喜去時悲,闔眼矇矓又是誰?

──清‧順治

莫看船兒無底,有心就能渡河

南懷瑾說,《金剛經》講「過去心不可得,現在心不可得,未來心不可得」,你還安個什麼心啊?所以說,虛空無著為誰安。哪裡去安心呢?此心不需要安,處處都是蓮花世界,處處都可以安心。在平實中間,處處都是淨土,處處都是安心的自宅,因為處處是虛空,無著無住。

有一次,靈佑在百丈懷海禪師的身邊,百丈懷海問:「是

第六章　世上沒有過不去的障礙

誰？」

靈佑答：「是我。」

百丈懷海就對他說：「你撥撥看，爐子裡有火嗎？」

靈佑撥撥爐子說：「沒火。」

於是，百丈懷海親自起來，在爐子深處撥出幾粒火炭，夾起來對靈佑說：「瞧，這是什麼？」

靈佑當下大悟。

那火盆中的火星其實就是一種禪機啊。

龍潭跟隨道悟許久，卻從未聽到道悟為其指示心要。一天，龍潭鼓起勇氣，問道悟：「我跟隨師父許久，怎麼沒有聽過您為我指示心要？」

道悟：「我無時無刻不在對你指示心要啊！」

龍潭：「您指示了什麼？」

道悟：「你遞茶來，我接了；你送飯來，我吃了；你行禮來，我受了。你還要我指示你什麼？」

龍潭低頭想了一想。

道悟見機，當即說道：「要能見道，須當下即見。若經思慮，便有偏差。」聽了這句話，龍潭立刻開悟。

機緣來臨，道悟抓住禪機點撥，龍潭大悟。這是一個極好的明證。

鏡虛禪師帶著剛入門不久的弟子滿空,出外雲水行腳。一路上,滿空嘀咕,說背的行囊太重,不時地提出休息,但是鏡虛禪師沒有同意,始終精神飽滿地向前走著。

有一天,師徒經過一個村莊,看到一個婦女從家中走出來,鏡虛禪師突然上前抓住那個婦女的雙手,婦女嚇得尖叫。婦女的家人和鄰里聞聲趕來,見一個和尚非禮婦女,齊聲喊打。鏡虛禪師不顧一切地掉頭逃跑,滿空背著行囊也跟在師父後面飛跑。

於是,他們一路狂奔,跑過幾條山路之後,鏡虛禪師停下來,回頭向弟子說:「還覺得重嗎?」

徒弟沒有一點倦意,答道:「師父,剛才奔跑的時候,一點都不覺得重,真是奇怪!」鏡虛禪師微笑不言。

鏡虛禪師的做法果然高明,相信經此點化,弟子精進不少。

有一個人在社會上總是不得志,有人向他推薦一位得道禪師。他找到禪師,傾吐了自己的煩惱。禪師沉思了一會兒,默然舀起一瓢水,說:「這水是什麼形狀?」

這人搖頭:「水哪有形狀呢?」

禪師不答,只是把水倒入一隻杯子,這人恍然,道:「我知道了,水的形狀像杯子。」

禪師無語,輕輕地拿起花瓶,把水倒入其中,這人又道:「哦,難道說這水的形狀像花瓶?」

第六章　世上沒有過不去的障礙

　　禪師搖頭，輕輕提起花瓶，把水倒入一個盛滿花土的盆中。水很快就滲入土中，消失不見了。這人陷入了沉思。這時，禪師俯身抓起一把泥土，嘆道：「看，水就這麼消逝了，這就是人的一生。」

　　那個人沉思良久，忽然站起來，高興地說：「我知道了，您是想透過水告訴我，社會就像一個個有規則的容器，人應該像水一樣，在什麼容器之中就像什麼形狀。而且，人還極可能在一個規則的容器中消失，就像水一樣，消失得迅速、突然，而且一切都無法改變。」

　　這人說完，眼睛急切地盯著禪師，渴盼著禪師的肯定。

　　「是這樣。」禪師微笑，接著說：「又不是這樣！」

　　說畢，禪師出門，這人隨後。在屋簷下，禪師俯下身，用手在青石板的臺階上摸了一會兒，然後頓住。這人把手指伸向禪師手指所觸之地，那裡有一個深深的凹口。

　　禪師說：「下雨天，雨水就會從屋簷落下。你看，這個凹口就是雨水落下的結果。」

　　此人於是大悟：「我明白了，人可能被裝入規則的容器，但是又可以像這小小的雨滴，改變這堅硬的青石板，直到容器破壞。」

　　禪師點頭：「對，這個凹口會變成一個洞。」

　　這是一位很善於找機緣的禪師，最終成功地點撥了那個失意的青年。

南懷瑾講解禪機時說，當年我有個朋友，學佛有點心得，那個時候剛剛有打火機，人家問他，佛是什麼？他說就像個打火機一樣，用它就有，不用就沒有。

其實，那禪機就像是打火機的火苗。如果你能抓住，你就能透過那火苗點燃自己的智慧，獲得解脫；如果不能，你將會繼續生活在黑暗中。因此，留心你的周圍，抓住一切可能的禪機吧，它將給予你意想不到的收穫。

一年春盡一年春，野草山花幾度新；
天曉不因鐘鼓動，月明非為夜行人。

——宋·雲蓋智本禪師

看腳下，看今生

南懷瑾先生說，高明的法師們、大師們，接引眾生往往用三心切斷的方法，使你了解初步的空性，把不可得的過去心去掉，把沒有來的未來心擋住，就在現在心，當下即是。你要認清楚才行，要先認清自己的心，才好修道。

永平寺裡，有一位八十多歲駝著背的老禪師，在大太陽下曬香菇，住持和尚道元禪師看到以後，忍不住說：「長老！您年紀這麼大了，為什麼還要吃力勞苦做這種事呢？請老人家不必

第六章　世上沒有過不去的障礙

這麼辛苦！我可以找個人為您老人家代勞呀！」

老禪師毫不猶豫道地：「人並不是我！」

道元：「是沒錯！可是要工作也不必挑這種大太陽的時候呀！」

老禪師：「太陽天不晒香菇，難道要等陰天或雨天再來晒嗎？」

道元禪師是一寺之主，指導萬方，可是遇到這位老禪師，終於認了輸。

禪者的生活，無論什麼，都不假手他人，也不等到明天，「人不是我」，「現在不做，要待何時？」這是每一個現代人應該深思的問題。

有個小和尚負責清掃寺院裡的落葉。這是件苦差事，秋冬之際，每次起風，樹葉總是隨風飛舞。每天早上都需要花費許多時間才能清掃完樹葉，這讓小和尚頭痛不已。他一直想找個好辦法讓自己輕鬆些。

後來，有個和尚跟他說：「你在明天打掃之前先用力搖樹，把落葉都搖下來，後天就可以不用掃落葉了。」

小和尚覺得這是個好辦法，於是隔天他起了個大早，用力地搖樹，以為這樣就可以把今天跟明天的落葉一次掃乾淨了，他一整天都很開心。

第二天，小和尚到院子裡一看，不禁傻眼了，院子裡如往

日一樣滿地落葉。老和尚走了過來,對小和尚說:「傻孩子,無論你今天怎麼用力,明天的落葉還是會飄下來的。」

小和尚終於明白了,世上有很多事是無法提前的,唯有認真地活在當下,才是最真實的人生態度。

在講解《金剛經》時,南懷瑾說,佛告訴須菩提,當你問怎麼樣安心時,就安心了。佛過了許久,看須菩提還是不懂,沒有辦法,只好退而求其次,第二步再來講一講,因為那個時機過去了,禪宗講禪機,這個禪機過去了,須菩提沒有懂。古今一理,現實就是這樣,作為一名修禪者,必須抓住任何可能發生在你身邊的禪機,所謂機不可失,時不再來,一旦錯過,你就失去了一次絕佳的機會。

有一天老禪師帶著兩個徒弟,提著燈籠在黑夜行走。三分鐘熱風吹過,燈滅了。

「怎麼辦?」徒弟問。

「看腳下!」師父答。

當一切變成黑暗,後面的來路,與前面的去路,都看不見,如同前世與來生,都摸不到。我們要做的是什麼?當然是「看腳下,看今生」!

日本的親鸞上人九歲時,就已立下出家的決心,他要求慈鎮禪師為他剃度,慈鎮禪師就問他說:「你還這麼年少,為什麼要出家呢?」

第六章　世上沒有過不去的障礙

親鸞：「我雖年僅九歲，父母卻已雙亡，我不知道為什麼人一定要死亡，為什麼我一定非與父母分離不可。為了探究這層道理，我一定要出家。」

慈鎮禪師非常嘉許地說道：「好！我明白了。我願意收你為徒，不過，今天太晚了，待明日一早，再為你剃度吧！」

親鸞聽後，非常不以為然道地：「師父！雖然您說明天一早為我剃度，但我終是年幼無知，不能保證自己出家的決心是否可以持續到明天。而且，師父！您那麼年高，您也不能保證您是否明早起床時還活著。」

慈鎮禪師聽了這話以後，拍手叫好，並滿心歡喜道地：「對的！你說的話完全沒錯。我現在就為你剃度吧！」

許多人都相信來生與前世。因為那讓我們在面對今生的不幸時，可以用前世做借口，說那是前世欠下的。面對今生的不滿，又用來生做憧憬，說可以等待來生去實現。問題是，哪個「今生」不是「前世」的「來生」？哪個「來生」不是「來生」的「今生」？

人生無常，很多事情都不是我們能預料的，我們所能做的只是把握當下，珍惜此刻擁有，踏踏實實過好生命中的每一天。

手把青身插滿田，低頭便見水中天。

六根清靜方為道，後退原來是向前。

── 南北朝・契此和尚

以出世之心，為入世之事

　　南懷瑾說，佛的出家弟子們，離開妻兒、父母、家庭，這種出家眾叫做大比丘眾。人們把佛教經典中的出家眾，歸類到小乘的範圍，他們離開人世間的一切，專心於自己的修行，也就是放棄一切而成就自己的道，叫做小乘羅漢的境界。

　　這也叫做自了漢，只管自己了了，其他一切不管。禪宗則稱之為擔板漢，挑一個板子走路，只看到這一面，看不見另一面。也就是說，把空的一面、清淨的一面，抓得牢牢的，至於煩惱痛苦的一面，他拿塊板子把它隔著，反正他不看。

　　以出世的精神來做入世的事業，這是大乘佛教區別於小乘佛教的根本所在，也是禪宗的特質所在，這也正是大乘佛教備受推崇的原因所在。

　　無相禪師行腳時，因口渴而四處尋找水源，這時看到有一個青年在池塘裡打水車，無相禪師就向青年要了一杯水喝。

　　青年以一種羨慕的口吻說道：「禪師！如果有一天我看破紅塵，我肯定會跟您一樣出家學道。不過，我出家後不會像您這樣到處行腳、居無定所，我會找一個隱居的地方，好好參禪打坐，不再拋頭露面。」

　　無相禪師含笑問道：「那你什麼時候會看破紅塵呢？」

　　青年答道：「我們這一帶就屬我最了解水車的性質了，全村

的人都以此為主要水源,如果有能接替我照顧水車的人,無牽無掛,我就可以出家,走自己的路了。」

無相禪師問道:「最了解水車,我問你,水車全部浸在水裡,或完全離開水面會什麼樣子呢?」

青年答道:「車是靠下半部置於水中,上半部逆流而轉的原理來工作的,如果把水車全部浸在水裡,不但無法轉動,還會被急流沖走;同樣的,完全離開水面也不能工作。」

無相禪師說道:「車與水流的關係不正說明了個人與世間的關係?如果一個人完全入世,縱身江湖,難免不會被五欲六塵的潮流沖走。倘若全然出世,自命清高,不與世間來往,則人生必是漂浮無根。同樣,一個修道的人,要出入得宜,既不袖手旁觀,也不投身粉碎。」

「出家光看破紅塵還是不夠,更要發度眾生的宏願才好。出世與入世兩者並立,這才是為人處世和出家學道應該持有的態度。」

青年頓悟,並決定繼續打水車。

入世與出世不是截然分開的,出世是為了更好地入世。弘一法師在國難當頭的歲月裡,仍然主張「讀書不忘救國,救國不忘讀書」,他本身就做了很好的榜樣。

在太平寺中,弘一法師見到了前來拜訪的老友穆藕初。敘舊之後,兩人的話題自然而然地談到佛法上來。穆藕初對於佛

教並無多少了解，不過他在一些哲學、文化類的書籍中見過一些批評佛教的觀點，對於佛教總覺得是一種倡導出離世間、逃避家國社會責任的宗教，當此國家衰微，正需國民奮發圖強之際，佛教於世又有何益呢？

弘一法師解釋說，佛法並不離於世間，佛教的本旨只是要洞悉宇宙人生的本來面目，教人求真求智，以斷除生命中的愚癡與煩惱，修學佛法也並不一定都要離塵出家，在家之人同樣可以用佛法來指導人生、利益世間。就大乘佛教來說，其菩薩道精神，更是充分體現著濟物利人的人世悲懷，凡有志於修學佛法者，皆需發大菩提心，立四宏願，所謂「眾生無邊誓願度，煩惱無盡誓願斷，法門無量誓願學，佛道無上誓願成」，以此自勵精進，無量世中，懷此宏大心願，永不退失，只要是濟世利人之事，都可攝取佛道之中，佛教哪裡會是消極避世的宗教呢？

弘一法師也是一位真正做到了用「出世」的心做「入世」的事的人，在出家之後，他一方面靜心研究佛法，著書立說，另一方面則不斷遊歷，進行佛法的交流和弘揚。他甚至在生命的彌留之際還寫下了「悲欣交集」四個字，一面慶幸自己的解脫，一面悲憫眾生的苦惱。

南懷瑾先生幽默地說，菩薩們的塑像都是俗家的裝扮。譬如大慈大悲觀世音菩薩、大智文殊菩薩、大行普賢菩薩以及其他一些菩薩等，都是以在家人的裝束示現，除了大願地藏王菩薩。

第六章　世上沒有過不去的障礙

大家都知道，出家人是絕對不準穿華麗衣服、絕對不準化妝的。可是南懷瑾先生發現了一件有意思的事，就是菩薩們，個個都是化妝的！又戴耳環，又掛項鏈，又戴戒指，叮叮噹當，一身都掛滿了，又擦口紅，又抹粉的……大家不要誤會，南先生在這裡說的是菩薩的塑像。

這個現象就是說菩薩們也染人間煙火色，是入世的，但外形雖是入世的，心卻是出世的，所以菩薩境界謂之大乘。而羅漢境界住空，不敢入世，一切不敢碰，眼不見心不煩，只管自己。這就是南先生常指點的小乘窄道。

不染五欲六塵，保持自性清淨，以出世的精神來做入世的事業，普度眾生和自度成就並不相悖，這是大乘佛教的特質所在。

菩薩未曾染著色，受想行識亦如是；
不住一切諸三昧，所有功德悉迴向。

——《華嚴經》卷四十

第七章

貪欲
是痛苦的根源

人生痛苦的最大根源 —— 貪欲

在談到人生的貪欲時，南懷瑾先生說，什麼是貪？貪名，貪利，貪感情，放不下，貪這個世界上的一切，都是屬於貪。

南懷瑾先生特別舉一個有趣的佛門裡的例子來說明：

有一個法師一輩子做好事，做功德、蓋廟、講經說法，自己雖沒有打坐、修行，可是他功德太大。年紀大了，面臨死亡，就常常看到兩個小鬼來捉他，那兩個小鬼在閻王那裡拿了拘票，還帶個刑具手銬。

這個法師說：「我們打個商量好不好？我出家一輩子，只做了功德，沒有修持，你們給我七天假，七天打坐修成功了，先度你們兩個，再度閻王。」

那兩個小鬼被他說動了，就答應了。這個法師以他平常的德行，一上座就萬念放下了，廟也不修了，什麼也不做了，三天以後，無我相，無人相，無眾生相，什麼都沒有，就是一片光明。這兩個小鬼第七天來了，看見一片光明卻找不到他了。完了，上當了！

這兩個小鬼說：「大和尚你總要慈悲呀！說話要有信用，你說要度我們兩個，不然我們回到地獄去要坐牢啊！」

法師大定了，沒有聽見，也不管。兩個小鬼就商量，怎麼辦呢？只見這個光裡還有一絲黑影。有辦法了！這個和尚還有

一點不了道,還有一點烏的,那是不了之處。

因為這位和尚功德大,皇帝聘他為國師,送給他一個紫金缽盂和金縷袈裟。這個法師什麼都無所謂,但是很喜歡這個紫金缽盂,連打坐也端在手上,萬緣放下,只有缽盂還拿著。

兩個小鬼看出來了,他什麼都沒有了,只有這一點貪還在。於是兩個小鬼就變成老鼠,去咬這個缽盂,咔啦咔啦一咬,和尚動念了,一動念光就沒有了,便現出身來,兩個小鬼立刻用手銬將他銬上。

和尚很奇怪,以為自己沒有得道,小鬼就說明經過,和尚聽了,把紫金缽盂咔啦往地上一摔:「好了!我跟你們一起見閻王去吧!」

這麼一下子,兩個小鬼也開悟了。就是這一個故事,說明除貪之難。

有句古話:知足常樂。做人一定要知道滿足,不可貪得無厭。美好的生活應該靠勤勞的雙手去創造,不勞而獲的東西得之容易,用之卻難——它往往不會帶來幸福,只會帶來禍害。

有個富商碰見了一個乞丐,那個乞丐說:「你我是以前的舊相識,能給我一些錢嗎?」

那個富商仔細看了看那個人說:「我認出你了,你家裡不是挺殷實富裕的嗎?怎麼淪落到這種地步?」

那個乞丐說:「唉!去年一場大火將我的全部財產都奪去了。」

第七章　貪欲是痛苦的根源

富商問道:「你為什麼要當乞丐?」

乞丐說:「為了要錢來買酒呀!」

「那你為什麼要喝酒?」

「喝了酒,才有勇氣乞討呀!」

富商腦中轟然一聲,似乎看見了愚痴人間的愚痴眾生。他感嘆道:「世人誰不是這樣愚痴一生呢?為了酒、色、財、氣耗盡了一生,最終還是塵歸塵,土歸土,這又何必呢?」

然後他去拜訪智封禪師,請示道:「我的未來會怎樣呢?」

智封禪師笑著說:「太陽從西邊升起,照在樹上沒有一點影子!」

「太陽照在樹上怎麼會沒有影子呢?西邊,你確定是西邊嗎?」

人的未來如同太陽西升,是沒影子的事,貪欲如海水,越喝越渴,越渴越喝。欲望過多,不加節制,便成了貪婪。為什麼要貪得無厭?生活本來就太辛苦,煩惱、掛慮、憂傷、痛苦,如果整日計較這些,只有苦上加苦!如同一個瘋狂旋轉的陀螺。

貪婪並非是遺傳所致,它是個人在後天環境中受病態文化的影響,形成自私、攫取、不滿足的價值觀而出現的不正常行為。貪婪沒有滿足的時候,越加滿足,胃口就越大。不控制好貪欲,終會導致欲火焚身。

貪婪的人每天都生活在殫精竭慮、費盡心機的算計中,更

有甚者可能會不擇手段、走極端。而貪婪的人在這個過程中是無法知道貪婪的結果的，因為貪欲早已迷惑了他的心、遮住了他的眼，他不知道自己該在什麼時候停下來，他就像一隻轉磨的驢，只顧一個勁地往前走。

以前，有一對兄弟，他們自幼失去了父母，相依為命，家境十分貧寒。他們倆終日以打柴為生，生活十分辛苦。即便這樣，兄弟倆從來沒有抱怨過，他們起早貪黑，一天到晚忙得不亦樂乎。

而且，哥哥照顧弟弟，弟弟心疼哥哥，生活雖然艱苦點，但是過得還算舒心。

觀世音菩薩得知了他們二人的情況，為他們的親情所感動，決定下界去幫他們一把。清晨時分，菩薩來到了兄弟倆的夢中，對他們說：「遠方有一座太陽山，山上撒滿了金光燦燦的金子，你們可以前去拾取。不過路途非常艱險，你們可要小心！並且，太陽山溫度很高，你們一定要在太陽出來之前下山，否則，就會被燒死在上面。」說完，菩薩就不見了。

兄弟二人從睡夢中醒來，非常興奮。他們商量了一下，便起程去了太陽山。一路上，他們不但遇到了毒蛇猛獸、豺狼虎豹，而且天空中狂風大作、電閃雷鳴。兄弟倆咬緊牙關，團結一致，歷經千辛萬苦，終於來到了太陽山。

兄弟倆一看，漫山遍野都是黃金，金光燦燦的，照得人睜不開眼。弟弟一臉的興奮，望著這些黃金不住地笑，而哥哥卻

第七章　貪欲是痛苦的根源

只是淡淡的。

哥哥從山上撿了一塊黃金，裝在口袋裡，下山去了。弟弟撿了一塊又一塊，就是不肯罷手。不一會兒整個袋子都裝滿了，弟弟還是不肯住手。此時，太陽快出來了，可是弟弟卻仍在不住地撿。

一會兒，太陽真的出來了，山上的溫度也在漸漸地升高。這時，弟弟才慌了神，急忙背著黃金往回跑，無奈金子太重，壓得他步履蹣跚，根本就跑不快。太陽越升越高，弟弟終於倒了下去，被燒死在了太陽山上。

哥哥回家後，用撿到的那塊金子當本錢，做起了生意，後來成了遠近聞名的大富翁。可是弟弟卻永遠留在了太陽山。

哥哥因為不貪而享受了富有的恩賜，弟弟因貪得無厭而命喪黃泉。「貪」的危害可見一斑。世人皆知貪婪的危害，卻沒有幾個人能根除它。

佛說「貪、嗔、痴」為人生「三毒」，是為眾生業障的根本。妒忌、殘害等心理，都是隨三毒而來的無明煩惱。在這三毒之中，「貪」為第一毒。

貪婪妨礙一個人未來的廣闊生活空間，使他短視、氣度狹小。因此，一個人要想有純樸寧靜的心靈，首先就要驅除貪的念頭。

有一個人窮得連床也買不起，家裡只有一張長凳，他每天

晚上就在長凳上睡覺。但是這個人很吝嗇，他也知道自己的這個問題，但就是改不了。

他向佛祖祈禱：「如果我發財了，我絕對不會像現在這樣吝嗇。」

佛祖看他可憐，就給了他一個裝錢的口袋，說：「這個袋子裡有一個金幣，當你把它拿出來以後，裡面又會有一個個金幣，但是當你想花錢的時候，只有把這個錢袋扔掉才行。」

那個窮人就不斷地往外拿金幣，整整一個晚上沒有闔眼，地上到處都是金幣。這一輩子就是什麼也不做，這些錢已經足夠他花的了。每次當他決定扔掉那個錢袋的時候，都捨不得。於是他就不吃不喝地一直往外拿著金幣，屋子裡裝滿了金幣。

可是他還是對自己說：「我不能把袋子扔了，錢還在源源不斷地出，還是讓錢更多一些的時候再把袋子扔掉吧！」

到了最後，他虛弱得沒有把錢從口袋裡拿出來的力氣了，但是他還是不肯把袋子扔了，終於死在了錢袋的旁邊，屋子裡裝的都是金幣。

貪婪並不僅僅是貪圖名利財富，貪婪的人，被欲望牽引，欲望無邊，貪婪無邊。貪婪的人，是欲望的奴隸，他們在欲望的驅使下忙忙碌碌，但是不知所終。貪婪的人，常懷有私心，一心算計、斤斤計較，卻最終一無所獲。

對於一個不知足的人來說，天下沒有一把椅子是舒服的。

第七章　貪欲是痛苦的根源

貪欲就如同一團熊熊烈火，柴放得越多，燒得越旺，而火燒得越旺，人就越有添柴的衝動。於是，人便奔來奔去、忙裡忙外，難有停息的時候。

貪欲是魔鬼免費贈送的一劑穿腸毒藥，誰能免疫？飲鴆不能止渴，快快從這烏煙瘴氣的泥潭脫身吧。修習佛法也許是這根繩子。佛的般若大智慧能助你擯棄「貪」的念頭，因為「貪」正是產生人生痛苦的最大根源。

只有去除貪欲，懷抱善良、慈悲、包容、仁愛，無爭執，無仇恨，人間才能充滿和諧與公義。

對症下藥：怡然恬淡，知足常樂。

終日看天不舉頭，桃花爛熳始抬眸。

饒君便有遮天網，到得牢關即便休。

—— 宋·守珣禪師

追求幸福正是幸福的阻礙

對於人的名利心，南懷瑾先生說，人生最捨不得的是兩樣東西，第一是財，第二是命。一個人往往視錢財像性命一樣重要，一個人如果太重視「財」，那麼「財」就會成為阻礙他獲得幸福的障礙，因此，一個人要想獲得幸福，就不能讓「財」成為自

己前進道路的攔路虎。

一則禪宗故事這麼說：

一天傍晚，兩個非常要好的朋友在林中散步。這時，有個小和尚從林中驚慌失措地跑了出來，兩人見狀，便拉住小和尚問：「小和尚，你為什麼如此驚慌，發生了什麼事情？」

小和尚忐忑不安地說：「我正在移栽一棵小樹，卻忽然發現了一罈金子。」

這兩人聽後感到好笑，說：「挖出金子來有什麼好怕的，你真是太好笑了。」

然後，他們就問：「你是在哪裡發現的，告訴我們吧，我們不怕。」

小和尚說：「你們還是不要去了，那東西會吃人的。」

這兩人哈哈大笑，異口同聲地說：「我們不怕，你告訴我們它在哪裡吧。」

於是小和尚只好告訴他們金子的具體地點，兩個人飛快地跑進樹林，果然找到了那壇金子。好大的一罈黃金！

一個人說：「我們要是現在就把黃金運回，不太安全，還是等到天黑以後再運回吧。現在我留在這裡看著，你先回去拿點飯菜，我們在這裡吃過飯，等半夜的時候再把黃金運回吧。」

於是，另一個人就回去取飯菜了。

留下來的這個人心想：要是這些黃金都歸我，該有多好！

第七章　貪欲是痛苦的根源

等他回來，我一棒子把他打死，這些黃金不就都歸我了嗎？

回去的人也在想：我回去之後先吃飽飯，然後在他的飯裡下些毒藥。他一死，這些黃金不就都歸我了嗎？

不多久，回去的人提著飯菜來了，他剛到樹林，就被另一個人用木棒打死了。然後，那個人拿起飯菜，吃了起來，沒過多久，他的肚子就像火燒一樣痛，這才知道自己中毒了。臨死前，他想起了和尚的話：小和尚的話真對啊，我當初就怎麼不明白呢？

人為財死，鳥為食亡。可見，財名這隻攔路之虎，它美麗耀眼的毛髮確實誘人，當你騎上去的時候，感覺輕捷舒暢，飄飄欲仙，可你沒辦法使它停下腳步，它會將你摔下萬丈深淵。

莊子在〈徐無鬼〉篇中說：「錢財不積則貪者憂；權勢不尤則誇者悲；勢物之徒樂變。」大意是說，追求錢財的人因錢財積累不多而憂愁，貪心者永不滿足；追求地位的人常因職位還不高而暗自悲傷；迷戀權勢的人，特別喜歡社會動盪，以便從中擴大自己的權勢。

有一位高僧，是一座大寺廟的住持，因年事已高，心中思考著找接班人。

一日，他將兩個得意弟子叫到面前，這兩個弟子一個叫慧明，一個叫塵元。高僧對他們說：「你們誰能憑自己的力量，從寺院後面懸崖的下面攀爬上來，誰將是我的接班人。」

慧明和塵元一同來到懸崖下，那真是一面令人望而生畏的懸崖，崖壁極其險峻、陡峭。

身體健壯的慧明，信心百倍地開始攀爬。但是不一會兒，他就從上面滑了下來。

慧明爬起來重新開始，儘管他這一次小心翼翼，但還是從懸崖上面滾落到原地。

慧明稍事休息後又開始攀爬，儘管摔得鼻青臉腫，他也絕不放棄⋯⋯

讓人感到遺憾的是，慧明屢爬屢摔，最後一次他拚盡全身之力，爬到一半時，因氣力已盡，又無處歇息，重重地摔到一塊大石頭上，當場昏了過去。高僧不得不讓幾個僧人用繩索將他救了回去。

接著輪到塵元了，他一開始也和慧明一樣，竭盡全力地向崖頂攀爬，結果也屢爬屢摔。塵元緊握繩索站在一塊山石上面，他打算再試一次，但是當他不經意地向下看了一眼以後，突然放下了用來攀上崖頂的繩索。然後他整了整衣衫，拍了拍身上的泥土，扭頭向著山下走去。

旁觀的眾僧都十分不解，難道塵元就這麼輕易地放棄了？大家對此議論紛紛。只有高僧默然無語地看著塵元的去向。

塵元到了山下，沿著一條小溪流順水而上，穿過樹林，越過山谷⋯⋯最後沒費什麼力氣就到達了崖頂。

當塵元重新站到高僧面前時，眾人還以為高僧會痛罵他貪

第七章　貪欲是痛苦的根源

生怕死、膽小怯弱,甚至會將他逐出寺門。誰知高僧卻微笑著宣布將塵元定為新一任住持。眾僧面面相覷,不知所以。

塵元向其他人解釋:「寺後懸崖乃是人力不能攀登上去的。但是只要於山腰處低頭看,便可見一條上山之路。師父經常對我們說『明者因境而變,智者隨情而行』,就是教導我們要知伸縮退變啊!」

高僧滿意地點了點頭說:「若為名利所誘,心中則只有面前的懸崖絕壁。天不設牢,而人自在心中建牢。在名利牢籠之內,徒勞苦爭,輕者苦惱傷心,重者傷身損肢,極重者粉身碎骨。」

然後,高僧將衣缽錫杖傳給了塵元,並語重心長地對大家說:「攀爬懸崖,意在勘驗你們的心境,能不入名利牢籠,心中無礙,順天而行者,便是我中意之人。」

我們都在攀爬財名的絕壁,好像自己都有免疫力似的!真有點「明知山有虎,偏向虎山行」的意味。

而南懷瑾先生告訴我們,幾千年前,大智大慧的釋迦牟尼佛早就看透了這一點,不然他怎麼會好好的王子不當、榮華富貴不享,去出家呢?每個人都在追求幸福,那麼佛陀的諄諄教導,還是很值得我們深思的。

莊子在〈逍遙遊〉中表達的「至人無己,神人無功,聖人無名」正是最好的總結。逍遙遊是一種最難得的人生狀態,不穿越

財名的浮塵霧障，幸福永遠是不可企及的。幸福追求不來的，它在遠方等你，等你超越富貴的浮雲。追求幸福本身就是幸福的障礙。

來時無跡去無蹤，去與來時事一同；
何須更問浮生事，只此浮生是夢中。

——唐・鳥窠禪師

瞋怒是把雙刃劍

南懷瑾先生提醒我們預防第二毒時說，瞋心瞋念，大家以為自己都沒有，其實脾氣大，當然是瞋念，恨人、殺人、怨天尤人，都是瞋，是非分明也是瞋。或者你說什麼都不會生氣，就是愛乾淨，看到不乾淨受不了，也是瞋，一念的瞋就是厭惡。

如果說貪欲是一劑穿腸毒藥，那麼瞋怒就是一把刮骨的鋼刀。而且更為鋒利。

有一位學僧請教禪師：「我脾氣暴躁、氣短心急，以前參禪時師父曾經屢次責備我，我也知道這是出家人的大忌，很想改掉它。但是這是一個人天生的問題，已成為習氣，根本無法控制，所以始終沒有辦法糾正。請問禪師，您有什麼辦法幫我改正這個毛病嗎？」

第七章　貪欲是痛苦的根源

禪師非常認真地回答道：「好，把你心急的習氣拿出來，我一定能夠幫你改正。」

學僧不禁失笑，說：「現在我沒有事情，不會心急，有時候遇到事情它就會自然跑出來。」

禪師微微一笑，說：「你看，你的心急有時候存在，有時候不存在，這哪裡是習性，更不是天性了。它本來沒有，是你因事情而生、因境而發的。你自己無法控制自己，還把責任推到父母身上，你不認為自己太不孝了嗎？父母給你的，只有佛心，沒有其他。」

學僧慚愧而退。

大多數人也許會像故事中的學僧那樣，認為自己「脾氣暴躁、氣短心急」的品性是父母所生，是不可能改變的遺傳。

其實正如禪師所說，那樣的品性根本不是來源於父母，而是源自自身後天的習性，是一種外在侵入的毒素，因此，絕不是不可改變的，而是需要我們一點一滴地好好清除。這就需要我們擁有像關雲長刮骨療傷那樣的大勇氣和超乎尋常的毅力。

昭引和尚雲遊各地，被大家認作是一個行腳僧時，有信徒來請示：「發脾氣要如何改呢？」

「脾氣皆由嗔心而來，這樣好了，我來跟你化緣，你把脾氣和嗔心給我好嗎？」

一個人如果能夠每時每刻都用一顆寬容、豁達的心去面對

世間的人與事，那麼這個人的生活中就會除卻很多煩惱，就能夠時時擁有一顆寧靜的心靈。

有一位婦人脾氣十分古怪，經常為一些無足輕重的小事生氣。她也很清楚自己的脾氣不好，但她就是控制不了自己。

朋友對她說：「附近有一位得道高僧，妳為什麼不去向他訴說心事，請他為你指點迷津呢？」於是她就抱著試一試的態度去找那位高僧。

她找到了高僧，向他訴說心事，言語態度十分懇切，渴望從高僧那裡得到啟示。高僧一言不發地聽她訴說，等她說完了，就把她領到一座禪房中，然後鎖上房門，無聲而去。

婦人本想從高僧那裡聽到一些開導的話，沒想到高僧一句話也沒有說，只是把她關在這個又黑又冷的屋子裡。她氣得跳腳大罵，但是無論她怎麼罵，高僧就是不理會她。婦人實在忍受不了，便開始哀求，高僧還是無動於衷，任由她在那裡說個不停。

過了很久，房間裡終於沒有聲音了，高僧在門外問：「還生氣嗎？」

婦人說：「我只生自己的氣，我怎麼會聽信別人的話，到你這裡來！」

高僧聽完，說道：「妳連自己都不肯原諒，怎麼會原諒別人呢？」於是轉身而去。

第七章　貪欲是痛苦的根源

過了一會兒，高僧又問：「還生氣嗎？」

婦人說：「不生氣了。」

「為什麼不生氣了呢？」

「我生氣有什麼用呢？只能被你關在這個又黑又冷的屋子裡。」

高僧說：「妳這樣其實更可怕，因為妳把妳的氣都壓在了一起，一旦爆發會比以前更加強烈。」說完又轉身離去了。

等到第三次高僧問她的時候，婦人說：「我不生氣了，因為你不值得我為你生氣。」

「妳生氣的根還在，妳還沒有從氣的漩渦中擺脫出來！」高僧說道。

又過了很長時間，婦人主動問道：「禪師，你能告訴我氣是什麼嗎？」

高僧還是不說話，只是看似無意地將手中的茶水倒在地上，婦女終於頓悟：原來，自己不氣，哪裡來的氣？心地透明了，了無一物，何氣之有？

我們嗔怒的鋒刃對我們有什麼益處嗎？它既傷害了別人，同時也傷害了自己。嗔，這把雙刃劍，劍鋒所向，最終歸結在我們自己身上。

釋迦牟尼佛指示弟子們應該說柔軟語、真實語、慈悲語、愛語，不可說惡語，因為惡語不僅傷害別人，更傷害自己。

佛陀的教導真是對症下藥。俗話說：「生氣是拿別人的過錯

來懲罰自己。」對別人寬容一些，其實就是對自己寬容，一個不懂得寬容別人的人，最終將傷害到自己。

嗔劍就掛在每個人心間，出鞘不出鞘，其運用之妙，存乎一心。人貴在了解，彼此溝通，增進了解，知道人都有弱點和局限，便可化解嗔怒。

一個懂得欣賞別人優點，能一眼看出別人優點的人，不容易犯嗔怒。相反，老是挑剔強求別人的人，處處看不慣別人，自然容易犯嗔怒。

藥方：寬容饒恕。

殺嗔得安穩，殺嗔心不悔；
嗔為毒之根，嗔無一切善。

——《大智度論》卷十四

紅塵顛倒不成佛

南懷瑾先生說：「世界上最值錢的東西也最不值錢，最值錢的東西沒有價錢，智慧是絕對無價；但是智慧也一毛錢都不值，這就是佛常說的眾生顛倒。」

佛曾經說，一切眾生從無始來，種種顛倒。南懷瑾開玩笑說，人本來就顛倒了。你看！上帝造人就造顛倒了。兩隻眼睛

都長在前面，後面什麼都看不見，所以走路會被車子撞倒，假如眼睛一只長在前面，一隻長在後面，就不會有那麼多車禍了。

眉毛長在手指頭上的話，早晨起來當牙刷用，多方便。鼻子倒過來，吃完飯，把筷子往鼻子一插；下雨打傘也方便，往鼻子上一插，不用手撐著。

嘴巴假如長在頭頂上，吃飯往頭上一倒，免得浪費時間。口袋裡的鈔票髒得要命，又不能當飯吃，卻要數了又數，然後還要放在保險箱裡。人不吃它就會死的米、麥，卻擺在那裡沒有人理，你說眾生顛倒不顛倒？

黃金、鑽石能做什麼用？卻珍惜得不得了，貴得要命，結果，還惹來殺身之禍，顛倒不顛倒？說什麼打是親，罵是愛，顛倒！

人世間沒有一樣不顛倒，眾生顛倒，知見不正，樣樣顛倒。不顛倒，就成佛了。佛是什麼？禪宗祖師說佛是無事的凡人，沒有事的平凡人，哪個人能夠做得到？都是無事生非，都在顛倒之中。

三個愁容滿面的信徒請教無德禪師，如何才能使自己活得快樂？

無德禪師：「你們活著是為了什麼？」

信徒甲：「我不願意死，所以我活著。」

信徒乙：「我盼望老年時兒孫滿堂，會比今天好，所以我活著。」

信徒丙：「我的一家老小靠我養活，我不能死，所以我活著。」

無德禪師：「你們當然都不會快樂。你們活著，只是由於恐懼死亡，由於等待年老，由於不得已的責任，卻不是由於理想、責任。人沒有理想和責任，怎麼可能快樂呢？」

三個信徒齊聲道：「禪師，具體地說，我們到底要怎麼生活才能快樂？」

無德禪師：「你們認為有什麼才會快樂？」

甲信徒：「我認為，有金錢就會快樂。」

乙信徒：「我認為，有愛情就會快樂。」

丙信徒：「我認為，有名譽就會快樂。」

無德禪師聽後，不以為然地告誡信徒：「你們這樣永遠不會快樂。當你們有了金錢、愛情、名譽以後，煩惱憂慮仍然會跟在你們後面。」

三位信徒無可奈何：「那怎麼辦？」

無德禪師：「改變你們的觀念。金錢要布施才快樂，愛情要奉獻才快樂，名譽要用來服務大眾，才會快樂。」

甲乙丙三個信徒都認為追求金錢、愛情、名譽這些大大有助於生命幸福的東西，而禪師告訴他們，這些最珍貴的東西在塵世都顛倒過來了。

第七章　貪欲是痛苦的根源

大家也許都聽說過這個有名的〈狐狸與葡萄園〉的故事：

有一隻狐狸看到一個葡萄園結滿了果實，可是它太胖了穿不進柵欄。於是它三天三夜不飲不食使身體消瘦下去。

「終於能夠進來了！好吃！好吃極了！」

「吃得真過癮，回去吧。」哇！鑽不出去了，只好故技重施，又三天三夜不飲不食，結果是出來了沒錯，但肚子不是跟進去時一樣？

人生何嘗不是如此？赤裸裸地誕生，又孑然死去。人死之後遺留下善行才值得稱頌，無人能帶走自己一生經營的財富與盛名。

有個信徒向默仙禪師說道：「我的妻子慳貪吝嗇，對於好事，一財不捨，您能慈悲到我家去，向我太太開示，行些善事好嗎？」默仙非常慈悲地答允。

當默仙到達信徒家時，信徒的妻子出來迎接，但是一杯茶水都捨不得端出來供養，禪師就握著一個拳頭說道：「夫人，妳看我的手，天天都是這樣，妳覺得如何？」

夫人：「如果手天天這個樣子，這是有毛病，畸形呀！」

「這樣子是畸形！」接著默仙禪師把手掌張開，問道：「假如天天這樣子呢？」

夫人：「這樣子也是畸形！」

默仙禪師立刻道：「夫人！沒錯，這都是畸形，錢只知道貪

取,不知道布施,是畸形。錢只知道花用,不知道儲蓄,也是畸形。錢要流通,要能進能出,要量入為出。」

這個太太在默仙禪師這麼一個比喻之下,對為人處世和經濟觀念、用財之道,瞭然於心了!世間上有人過分貪財,有人過分施捨,均非佛教中道之義。

慳吝之人應知喜捨結緣乃發財順利之因,不播種,怎有收成?布施之人應在不自苦不自惱情形下為之,否則即為不淨之施。

默仙禪師以掌為喻,實有至理在焉。看起來毫無作用的東西,我們棄而不顧,而世俗中的身外之物,我們卻沉迷其中,其實在這個功利主義為王、實用主義至上的時代,看似大有作用的東西才是最無用的東西。而智慧是無價的。

散盡浮雲落盡花,到頭明月是生涯。

天垂六幕千山外,何處清風不舊家。

—— 宋·雲峰文悅

呆痴是智者的樸素外衣

蒲松齡說:「性痴,則其志凝;故書痴者文必工,藝痴者技必良……世之落拓而無成者,皆自謂不痴者也。」這就是老子所

第七章　貪欲是痛苦的根源

說的大智若愚、大巧若拙吧。

南懷瑾先生風趣地說,「痴」就更不用說了,大家都痴,痴痴呆呆,每一個人都痴。痴心有很多很多種,《紅樓夢》上林黛玉葬花,那個是痴到極點了,所以貪嗔痴,普通佛經上講三毒,就是使我們不能悟道,不能超凡入聖的三毒。

俄羅斯的文化傳統中,有一種聖愚的說法,這種人表面上痴痴呆呆、瘋瘋傻傻,實際上他們才是最有識見、最具智慧的清醒人。他們為了生存,不得不如此,你可以說他們是明哲保身,也可以說他們愚蠢。二祖慧可向達摩求法時就是這樣一位聖愚。

正光元年十二月,有一位名叫神光的禪僧,為了求法,就通宵站在洞外不動。達摩問:「你一直站在雪中,究竟有什麼心願?」

神光:「但願師父打開甘露之門,拯救眾生,請教我佛法吧!」

達摩:「諸佛為求無上的悟道,不惜花費無限的時間去修行。你憑極小的決定,怎麼能求到大法?我想你是很難如願的。」

神光取刀斷臂,達摩:「諸佛為求法,不把身體當身體,不把生命當生命。你斷臂求法,也是一種很好的行為。」

神光:「請師父為弟子安心。」

達摩：「你拿心來，我將為你安心。」

神光：「我已尋了很久，可是我找不出心來。」

達摩：「假如你能夠找到的話，那又怎能算是你的心呢？我已經為你安好了心，你現在明白了嗎？」

神光：「明白了。諸法本來空寂，因此菩薩才不動念，不動念才能登涅槃之岸。」於是，達摩就收神光為弟子。

這位法名神光的僧人即是後來有名的神光慧可，即二祖慧可。

這是禪宗二祖慧可有名的斷臂求道的公案。只看看他學佛經歷的記載，便可知道神光聰明智慧，絕不是那種笨呆瓜。

南懷瑾先生一連串地問道：那麼他何以為了求得這樣一個虛無飄渺而不切實際的禪道，肯做如此的犧牲，除非他發瘋了，或有了精神病，對嗎？世間多少聰明的人，都被聰明所誤，真是可惜可嘆！何況現代的人們，只知講究利害價值，專門喜歡剽竊學問，而自以為是呢！其次，更為奇怪的是神光為了求道，為什麼硬要砍斷一條臂膀？

多叩幾個頭，跪在地上，加上眼淚鼻涕的苦苦哀求不就行了嗎？再不然送些黃金，多加些價錢也該差不多了。豈不聞錢可通神嗎？為什麼偏要斷臂呢？

這算是千古呆事，也是千古奇事。神光既不是出賣人肉的人，達摩也不是吃人肉的人，為什麼硬要斷去一條臂膀呢？姑且不說追求出世法的大道吧，世間歷史是許多的忠臣孝子、節

第七章　貪欲是痛苦的根源

婦義夫，他們也都和神光一樣是呆子嗎？

寧可為了不著邊際的信念，不肯低頭，不肯屈膝，不肯自損人格而視死如歸；從容地走上斷頭臺，從容地被釘上十字架。這又是為了什麼呢？儒家教誨對人對事無不竭盡心力者謂之忠，敬事父母無不竭盡心力者謂之孝。這些都是呆事嗎？

南懷瑾先生說，如果以凡夫看來，應當也是呆事。「千古難能唯此呆」，我願世人「盡回大地花萬千，供養宗門一臂禪」。那麼，世間與出世間的事，盡於此矣。

虛雲老和尚過去手下有一個很勤勞的人，他沒有什麼知識，一天到晚盡做些苦差事，別人不做的苦差事，他都去做。但是他一心念佛，修行很用功。

人家都看不起他，他也不放在心上。他跟老和尚告假三年，外出參學，回來之後，他還是老樣子，別人不去做的苦事、重活，他都去做。

他一個人住在一個小茅草屋裡，有人看到他的小房子起火了，跑過去一看，什麼也沒有。他到死時，年齡不大，才三、四十歲。他走時，穿衣搭袍，拿著一把草、一把引磬，坐在一個草墊上，就這樣自己把自己燒掉了。

燒完之後，他坐在那個地方，還像活人一樣，引磬還在手上拿著，這件事轟動很遠。當時唐繼堯在當地當督軍，他要親自看一看。唐繼堯看的時候，用手稍稍動他一下，整個身體都

垮掉了，成了灰。後來，唐繼堯就把那個引磬拿到博物館去陳列起來了。

虛雲老和尚為修道，連飯都忘記吃了，這是何等的呆氣，唯有這種呆，才能有所成就。

虛雲老和尚的弟子，也是因為這樣「呆痴」，才最終成就大氣候的。呆痴不是愚蠢，呆痴只是大智慧的樸素外衣。古往今來任何一位能夠有所成就的仁人志士都會有些呆氣，但就是這種呆氣，才讓他們能衝破世間的重重障礙，克服各式各樣的困難，有一番轟轟烈烈的大作為。

藥方：還是呆點好。

青山幾度變黃山，世事紛飛總不干；
眼內有塵三界窄，心頭無事一床寬。

—— 日本‧夢窗禪師

化傲慢為謙卑

這裡講的慢指的是什麼呢？可不是快慢的慢，而是傲慢的慢。佛學裡的名詞精深奧妙，需要仔細咀嚼品味。

南懷瑾先生講到「慢」時說，慢叫做我慢，就是自我的崇拜、自我的崇高。我們大家檢查一下，人最佩服的就是自己，

第七章　貪欲是痛苦的根源

每個人都佩服自己。至於阿Q精神，沒有辦法跟人家打，不要緊，自認還是老子。所以人最崇拜的就是自己，這個叫慢。

南懷瑾先生說的「慢」是一種極其有害的心理，一個人如果不能驅除「慢」的心理，就不能夠擺脫「自我」的困惑，就容易生出其他各式各樣的煩惱。因此，一個人要想使自己的人生和心胸境界有所改變，必須擺脫「慢」的束縛。

蘇東坡是北宋著名的文人，他對佛學有很濃的興趣。在他身上曾經發生過這樣一則故事：

蘇東坡在江北瓜州任職時，和一江之隔的金山寺住持佛印禪師是至交，兩人經常談禪論道。

有一日，蘇東坡自覺修持有得，即撰詩一道：稽首天中天，毫光照大千，八風吹不動，端坐紫金蓮。詩成後遣書僮過江，送給佛印禪師品賞，佛印看後，拿筆批了兩個字，即叫書僮帶回。

蘇東坡以為佛印一定是對自己的禪境大表讚賞，急忙打開，只見上面寫著兩個字：放屁。這下蘇東坡真是又驚又怒，立刻乘船過江找佛印理論。

船至金山寺，佛印早已在江邊等候，蘇東坡一見佛印立即怒氣沖沖地說：「佛印，我們是知交道友，你即使不認可我的修行、我的詩，也不能罵人啊！」

佛印大笑說：「咦，你不是說『八風吹不動』嗎，怎麼一個

屁字，就讓你過江來了？」

蘇東坡聽後恍然大悟，慚愧不已。

以前後兩篇〈赤壁賦〉名耀千古的蘇東坡是何等曠達的人物，尚且不能擺脫慢的捆束，何況庸碌如我輩呢？可見人類中「慢」的毒何其深哉！

人最最難的就是打破自己堅硬的外殼，達到真正的謙卑無我的狀態。一個不小心就會得意忘形、自高自大，以一種居高臨下的姿態凌駕這個世界，彷彿自己高人一等。不僅得意會忘形，甚至失意也會忘形，自滿到將要溢位來一般。自我感覺那麼良好，比上不足，比下畢竟有餘嘛，飄飄然的，阿Q的尾巴總是剪不去，阿Q的圓倒比圓規劃得還圓。

從前有一個學僧在無德禪師座下學禪，剛開始他還非常專心，學到了不少東西。可是一年之後他自以為學得差不多了，便想下山去雲遊四方，禪師講法的時候他什麼都聽不進去，還常常表現出不耐煩的樣子。無德禪師把這些全看在了眼裡。

這天無德禪師決定問清緣由，他找到學僧問道：「這些日子，你聽法時經常三心二意，不知是何原因？」

學僧見禪師已識透他的心機，便不再隱瞞什麼，他對禪師說：「老師，我這一年來學的東西已經夠了，我想去雲遊四方，到外面去參禪學道。」

「什麼是夠了呢？」禪師問。

第七章　貪欲是痛苦的根源

「夠了就是滿了，裝不下了。」學僧認真地回答。

禪師隨手找來一個木盆，然後裝滿了鵝卵石，對學僧說道：「這一盆石子滿了嗎？」

「滿了。」學僧毫不含糊地答道。

禪師又抓了好幾把沙子撒入盆裡，沙子漏了下去。

「滿了嗎？」禪師又問道。

「滿了！」學僧還是信心十足地答道。

禪師又抓起一把石灰撒入盆裡，石灰也不見了。

「滿了嗎？」禪師再問。

「好像滿了。」學僧有些猶豫地說。

禪師又順手往盆裡倒了一杯水下去，水也不見了。

「滿了嗎？」禪師又問。

學僧沒有說話，跪拜在禪師面前道：「老師，弟子明白了！」

「滿招損，謙受益。」不要因為取得了小小的成績就認為自己不可一世，其實處處都是學問，你所知道的僅僅是九牛一毛、大海裡的一滴水而已，因此，學會謙虛才能得到真經。

的確，一顆謙虛的人心正如那盛了石子、沙子、石灰及水的木盆，能盛得下更多的東西。這也是只有謙虛的人才能成為智者的原因，因為只有謙虛，你才會承認自己的錯誤，也才會有務實的精神，也才能真正成為一個有用的人。

真正的謙虛來自人靈魂的自我定位,是一個人對於世界有了客觀的認知之後才擁有的人生態度。人外有人,山外有山,天外有天。沒有人可以自命他是世界上最高明、最完美的。因為,我們每個人視野所及的都是不完整的時空。

當一個人站得越高,看得越遠,就會發現自己很無知、很渺小,就像牛頓說自己是站在巨人肩膀上,就像居禮夫人說自己很平凡。這樣的話看似過於謙虛,他們在某一個時代,確實達到了人類智力所能抵達的最高點。然而,他們的話真的是來自他們的世界觀,是極其真誠的。

真正謙虛的人正如那流淌著的活水。因為,水,是萬物的根源,充滿無限生命的可能。

水,不具固定形態,隨方就圓,可依任何容器改變它的外形,深諳圓融之道;水,利於萬物而不居功,為善而不欲人知;水,能潔淨萬物,卻不與之同流合汙,藉由三態變化,永遠保持純真本性而不變;水,看似柔弱無比,卻是大自然中最強大的力量;水,服從自然法則,哪裡卑下,就往哪裡去,擁有謙遜美德。

上善若水,水中滿是禪意。人生是一條汙濁的河流,要想超越狹隘的自身,必須成為大海。

藥方:化傲慢為謙卑。

第七章　貪欲是痛苦的根源

撥草占風辨正邪，先須拈卻眼中沙。

舉頭若味天皇餅，虛心難吃趙州茶。

—— 宋·黃龍慧南

第八章

放下即是解脫

第八章　放下即是解脫

天下本無事，庸人自擾之

這是個眾生喧譁的時代，人潮洶湧，熙來攘往，忙碌與奔波充塞，不安和煩躁纏繞，心裡總不是個滋味，又說不出為何如此！煩惱如絲千千結，何苦自尋這麼多煩惱呢？我們每天到底在煩惱些什麼呢？怎樣才能少些煩惱多點灑脫呢？

南懷瑾先生給了答案，乃因我們「無故尋愁覓恨」，真是一針見血啊！古人有一句詩具體地說：「百年三萬六千日，不在愁中即病中。」在這個世界上，本來苦楚煩愁已經夠多了，我們自己卻偏偏「身在此山中，雲深不知處」，總是火上澆油、愁上添愁。「抽刀斷水水更流，舉杯銷愁愁更愁」，詩仙李白如是說，他又是怎麼做的呢？「人生在世不稱意，明朝散髮弄扁舟」。我們凡俗人等當然沒這樣透澈和飄逸，只有煩完了一個，接著措手不及煩下一個，學業、工作、婚姻、健康、財富、子女……層層相印，無窮無盡，我們就像過濾器，煩惱的渣滓留駐了，卻不知怎樣除空潔淨。這並非大家都多愁善感，實在是眾生本相。

佛對眾生充滿憐憫，人世間都是這樣煩亂如麻，百無聊賴的，佛怎麼忍心呢？佛他來，就是揮慧劍，果決斬斷煩惱絲的。世人卻不識自己的「廬山真面目」，只有「長恨此身非我有」，被各種各樣莫名其妙的憂愁煩惱占據身心，心靈不得解脫，沒有安寧靜穆的時候！不管醒時睡時、忙時閒時，世人真是可憐哪！

南懷瑾先生提到《西廂記》中對人心理情緒描寫的詞句：花落水流紅，閒愁萬種，無語怨東風。沒得可怨的了，把東風都要怨一下。嗳！東風很討厭，把花都吹下來了，你這風太可恨了。然後寫一篇文章罵風，自己不曉得自己在發瘋。這就是人的境界，花落水流紅，閒愁萬種是什麼愁呢？閒來無事在愁。閒愁究竟有多少？有一萬種，講不出來的閒愁有萬種。結果呢？一天到晚怨天尤人，沒得可怨的時候，無語怨東風，連東風都要怨，人情世故的描寫妙到極點。

　　一念萬年，萬年一念。一剎那就是永恆無盡的象徵。這是我們講到的人的心念，一念之間，包含了八萬四千的煩惱，這也就是我們的人生。解脫了這樣的煩惱，空掉一念就成佛了，就是那麼簡單。

　　人不是佛，若沒有煩惱，人也不成其為人啊！佛為何在蓮花寶座上拈花微笑呢？也許就是世人都在煩惱罷。西語有云，人類一思考，上帝就發笑。情意相通也。是人皆有煩惱，得道高僧也不例外。

　　白雲守端禪師在方會禪師門下參禪，幾年內都無法開悟。方會禪師憐他遲遲找不到入手處，有一天，方會禪師藉著機會，在禪寺前的廣場上和白雲守端禪師閒談。

　　方會禪師問：「你還記得你的師父是怎麼開悟的嗎？」

　　白雲守端回答：「我的師父是因為有一天跌了一跤才開悟

第八章　放下即是解脫

的。悟道以後，他說了一首偈：『我有明珠一顆，久被塵勞關鎖。今朝塵盡光生，照破山河萬朵。』」

方會禪師聽完以後，故意發出嘲弄的笑聲，逕自離去，留下白雲守端愣在當場，心想：「難道我說錯了嗎？為什麼老師嘲笑我呢？」

白雲守端始終放不下方會禪師的笑聲，幾日來，飯也無心吃，睡夢中也會無端驚醒。他實在忍受不了，就請求老師明示。

方會禪師聽他訴說了幾日來的苦惱，意味深長地說：「你看過廟前那些表演猴把戲的小丑嗎？小丑使出渾身解數，只是為了博取觀眾一笑。我那天對你一笑，你不但不喜歡，反而不思茶飯，夢寐難安。像你這樣一個對外境這麼認真的人，連一個表演猴把戲的小丑都不如，如何參透無心無相的禪呢？」

方會禪師可謂一針見血地找到了白雲守端的病根，連一笑都不能從心中放下，更何況整個世界呢？

有僧人問：「心地未安，該怎麼辦好？」

善昭禪師反問道：「誰在擾亂你？」

僧人問：「有什麼解決的辦法嗎？」

禪師回答：「自作自受。」

的確，庸人常自擾。「天下本無事，庸人自擾之」，俗世中人為什麼難得心安呢？因為放縱的情緒如同脫韁的野馬，心裡堆滿了各樣繁雜事物，總是有千種思慮、萬般妄想。也難怪不

煩惱了!

漸調漸伏息奔馳,渡水穿雲步步隨;

手把芒繩無少緩,牧童終日自忘疲。

——南懷瑾講〈牧牛圖〉「受制第三」

愚人自縛,自綁天足

俗語有云,作繭自縛。我們常常像蠶蛹一樣,忙不迭地為自己編織一個精緻難破的繭。庸人自擾,自尋煩惱;愚人自縛,自綁天足。這是世界不間斷上演的悲劇,就是南懷瑾先生在上面說的「無故尋愁覓恨」。

究其根底,一切都是為了一個「我」,最放不下的也是這個「我」。於是所有人拼盡一生,去賺取這個「我」所需要的物質享受和精神享受,最終衍生出無窮無盡的痛苦。

正如南懷瑾先生所說,我們一切眾生,有一個「我執」,認為這是我,有個我,把我的現象執著得很厲害,認為我還有個心呢!把自己所有的妄念、意識分別、煩惱,一切不實在的這些觀念、往來思想當成是真實的。

人,一切眾生,犯了根本上的錯。我們一切的思想、心理、意識的變化,都是那個真正心所起的一種現象變化而已,不是

第八章　放下即是解脫

真正的心。可是一切眾生把現象變化抓得很牢，看成是心。「是日已過，命亦隨減。如少水魚，斯有何樂。」今天已經過完了，這個壽命又少了一點，今天過去，今天不會再來。年輕的過去了，衰老也沒有多久的停留，所以非常的悲哀。

三祖僧璨召集僧眾，準備向他們宣講佛法。這時有一個小和尚，名叫道信，他禮拜完僧璨禪師後問道：「什麼是佛心？」

僧璨禪師反問道：「你如今是什麼心？」

道信回答：「我如今無心。」

僧璨說：「你既然沒有心，佛難道就有心嗎？」

小和尚又道：「請求你教我解脫束縛的方法。」

僧璨說：「誰束縛著你呢？」

小和尚答道：「沒有誰來束縛我。」

僧璨禪師便說：「既然沒有人束縛你，這便是解脫，你又何必再求解脫呢？」

小和尚聞此當即大悟。這個小和尚是誰呢？就是接三祖衣缽的四祖道信禪師。

禪是大乘佛法，講求超脫自我的大覺悟，其真諦存在於佛的解除一切束縛的大自在中。道信小和尚以常我之「心」來問「佛心」，正說明他尚未超越自我的藩籬，還裹在自作的繭裡。僧璨一言點破道信：「佛豈有心耶？」可見，只有突破自己的圈套和條條框框，才能窺見佛所啟示的天地自然的精神所在。

宋代蘇東坡到金山寺和佛印禪師打坐參禪，蘇東坡覺得身心通暢，於是問佛印禪師道：「禪師，你看我坐的樣子怎麼樣？」

　　「好莊嚴，像一尊佛！」蘇東坡聽了非常高興。

　　佛印禪師接著問蘇東坡道：「學士，你看我坐的姿勢怎麼樣？」

　　蘇東坡從來不放過嘲弄佛印禪師的機會，馬上回答說：「像一堆牛糞！」

　　佛印禪師聽了也很高興！

　　佛印禪師被自己喻為牛糞，竟無以為答，蘇東坡心中以為贏了佛印禪師，於是逢人便說：「我今天贏了！」

　　消息傳到他妹妹蘇小妹的耳中，妹妹就問道：「哥哥，你究竟是怎麼贏了禪師的？」

　　蘇東坡眉飛色舞、神采飛揚地如實敘述了一遍。

　　蘇小妹天資超人，才華出眾，她聽了蘇東坡得意的敘述之後，正色說：「哥哥，你輸了！禪師的心中有佛，所以他看你如佛；而你心中只有牛糞，所以你看禪師才像牛糞！」

　　蘇東坡啞然，方知自己禪功不及佛印禪師。

　　蘇東坡為什麼會輸給佛印禪師？原因就在於他心中還有一個執著於我的羞恥心，說自己是佛就高興，說別人是牛糞就沾沾自喜，如果別人說自己是牛糞呢，可能就會眼中冒火了，這恰恰是執著於我的體現。

執著很多時候是一種愚昧的固執,有執著而後有貪戀,我們便成為一個套中人,處在自己溫室一樣的繭中,心安理得,坐井觀天。

人總是趨向於保護自我、相信我、供養我的、信賴自己的感覺,憑自己舊有的經驗行事,將自己抓得緊緊的。殊不知,世人所執著的我並不是那個真我,而是自性的一個幻影。如果一個人能夠放棄我執,就會減少很多煩惱,在人生的道路上就能輕裝上陣,去懷抱雨露陽光,收穫像金黃的稻子一般的幸福和快樂,走向無限廣闊自由的天地。

橫看成嶺側成峰,遠近高低各不同;
不識廬山真面目,只緣身在此山中。

—— 蘇東坡

人生本無常,何必太執著

魯迅先生在臨死前寫過一篇〈無常〉,無常就是沒有定數,是佛教對這個變動不居的世界的經典概括。釋迦牟尼佛告誡世人,一個人要學習超然物外,不要執著於萬事萬物,因為塵世間萬事萬物均是無常。

南懷瑾先生講道,禪宗祖師說過一句話:「如蟲禦木,偶

爾成文。」意思是說，有一隻蛀蟲咬樹的皮，忽然咬的形狀構成了花紋，使人覺得好像是鬼神在這棵樹上畫了一個符咒。其實那都是偶然撞到的，偶爾成紋似錦雲，有時候也蠻好看的。這就說明一切聖賢說法，以及佛的說法都是對機說法，這些都是「偶爾成文」，過後一切不留。既然世間的一切都是「偶爾成文」的，還有什麼好執著的呢？

有個書生和未婚妻約好在某年某月某日結婚。但是到了那一天，未婚妻卻嫁給了別人，書生為此備受打擊，一病不起。

這時，一位過路的僧人得知這個情況，就決定點化一下他。僧人來到他的床前，從懷中摸出一面鏡子叫書生看。書生看到茫茫大海，一名遇害的女子一絲不掛地躺在海灘上。

路過一人，看了一眼，搖搖頭走了。又路過一人，將衣服脫下，為女屍蓋上，走了。再路過一人，過去，挖個坑，小心翼翼地把屍體埋了。

書生正疑惑間，畫面切換。書生看到自己的未婚妻，洞房花燭，被她的丈夫掀起了蓋頭。書生不明就裡，就問僧人。

僧人解釋說：「那具海灘上的女屍就是你未婚妻的前世。你是第二個路過的人，曾給過她一件衣服。她今生和你相戀，只為還你一個情。但是她最終要報答一生一世的人，是最後那個把她掩埋的人，那個人就是她現在的丈夫。」

書生聽後，豁然開朗，病也漸漸地好了。

第八章　放下即是解脫

書生為什麼會病倒？就因為他太在乎、太執著，對自己的未婚妻始終放不下。在僧人幫他解釋了前因後，他就能從心底將這件事放下了；放下了，病自然也就好了。

人生本無常，又何必太執著？生命中有太多的偶然，茫茫宇宙有太多的不確定。我們像魚兒一樣生活在塵網中，越掙扎越緊。回頭想一想，我們要做的不是如何衝破這羅網，而是向拾得禪師學習，如何超脫塵網，不被它罩住。

唐代豐干禪師，住在天台山國清寺。有一天，豐干在松林漫步，山道旁忽然傳來小孩啼哭聲，他循聲一看，原來是一個稚齡的小孩，衣服雖不整，但是相貌奇偉，問了附近村莊人家，沒有人知道這是誰家的孩子。

豐干禪師不得已，只好把這男孩帶回國清寺，等待有人來認領。因男孩是豐干禪師撿回來的，所以大家都叫他「拾得」。

拾得在國清寺住下來，漸漸長大以後，上座就讓他擔任行堂（添飯）的工作。時間久了，拾得也交了不少道友，尤其與一個名叫寒山的貧子相交最為莫逆，因為寒山貧困，拾得就將齋堂裡吃剩的渣滓用一個竹筒裝起來，讓寒山背回去。

有一天，寒山問拾得說：「如果世間有人無端誹謗我、欺負我、侮辱我、恥笑我、輕視我、鄙賤我、惡厭我、欺騙我，我要怎麼做才好呢？」

拾得回答道：「你不妨忍著他、謙讓他、任由他、避開他、

耐煩他、尊敬他、不要理會他。再過幾年，你且看他。」

寒山再問道：「除此之外，還有什麼處世祕訣，可以躲避別人惡意的糾纏呢？」

拾得回答道：「彌勒菩薩偈語說：

老拙穿衲襖，淡飯腹中飽，補破好遮寒，萬事隨緣了；

有人罵老拙，老拙只說好，有人打老拙，老拙自睡倒；

涕唾在面上，隨他自乾了，我也省力氣，他也無煩惱；

這樣波羅蜜，便是妙中寶，若知這消息，何愁道不了；

人弱心不弱，人貧道不貧，一心要修行，常在道中辦。

如果能夠體會偈中的精神，那就是無上的處世祕訣。」

寒山、拾得二人不為世事纏縛，灑脫自在，其處世祕訣確實高人一等。

禪宗認為，一個人只有把一切受物理、環境影響的東西都放掉，萬緣放下，才能夠逍遙自在，萬里行遊而心中不留一念。

萬事無如退步休，本來無證亦無修；
明窗高掛多留月，黃菊深栽盛得秋。

── 宋・慈受懷深

第八章　放下即是解脫

要拿得起，也要放得下

南懷瑾先生講，有些禪師說：放下屠刀，立地成佛。拿屠刀的人是玩真的，真有殺人的本事，大魔王的本事，是一個大壞蛋，但是他一念向善，放下屠刀，當然立地成佛！你們手裡連刀子都沒有，放下個什麼啊！

提得起，才放得下。我們在說放下的本身，就是說我們正在提著、捏著一些東西不放。其實，只有我們放下時，我們才能真正把握。根本沒有提起什麼，就不能放下什麼東西了。

南先生著重指出，學佛法就是兩條路，要求福德的成就，諸惡莫作，眾善奉行，是提得起；要想智慧的成就就是放得下。提得起，放得下，才有資格學佛；提得起，放得下，自然就可以成佛。說般若境界，即：萬緣放下，諸惡莫作，眾善奉行，修一切善法。

趙州禪師是一位禪風非常銳利的法王，學者常有所問，他的回答不從正面說明，總要你從另一方面去體會。

有一次，一位信徒前來拜訪他，因為沒有準備供養他的禮品，就歉意地說道：「我空手而來！」

趙州禪師望著信徒說道：「既是空手而來，那就請放下來吧！」

信徒不解他的意思反問道：「禪師！我沒有帶禮品來，你要

我放下什麼呢?」

趙州禪師立即回答道:「那麼,你就帶著回去好了。」

信徒更是不解,說道:「我什麼都沒有,帶什麼回去呢?」

趙州禪師道:「你就帶那個什麼都沒有的東西回去好了。」

信徒不解趙州禪師的禪機,滿腹狐疑,不禁自語道:「沒有的東西怎麼好帶呢?沒有的東西怎麼好帶呢?」

趙州禪師這才方便指示道:「你不缺少的東西,那就是你沒有的東西;你沒有的東西,那就是你不缺少的東西!」

信徒仍然不解,無可奈何地問道:「禪師,就請您明白告訴我吧!」

趙州禪師也無奈道地:「和你饒舌多言,可惜你沒有佛性,但是你並不缺佛性。你既不肯放下,也不肯提起,是沒有佛性呢?還是不缺少佛性呢?」

是啊!你缺少的東西,確實是實實在在你擁有的東西。你呢?看不見自己的本真,無故尋愁覓恨,怨來怨去,不滿足,不知足,追求一些怎樣也追求不到的東西。就像那個騎著騾子數騾的人,數來數去怎麼也少一頭,原來他忽略了自己胯下那一頭啊!

南懷瑾先生接著又說:人為什麼有煩惱?為什麼有痛苦?因為自己妄執。所以禪宗說到所有的佛法,只有一句話:「放下。」但是,人就那麼可憐,偏偏放不下!聽了禪宗的放下,天

第八章　放下即是解脫

天坐在那裡，放下！放下！如此又多了一個妄執——「放下」，還是放不下。

在唐代，有一位著名的禪僧布袋和尚。一天，有一位僧人想看看布袋和尚有何修為，問道：「什麼是佛祖西來意？」

布袋和尚放下口袋，叉手站在那兒，一句話也沒說。僧人又問：「只這樣，沒別的了嗎？」

布袋和尚又把布袋掛在肩上，拔腿便走。

那僧人看對方是個瘋和尚，也就起身離去了。哪知剛走幾步，覺背上有人撫摸，僧人回頭一看，正是布袋和尚。布袋和尚伸手對他說：「給我一枚錢吧！」

布袋和尚放下口袋，是在警示我們要放下，隨即又把布袋掛在肩上，是在教我們拿起。其實哪裡有什麼放下與拿起呢？只不過有時我們需要放下，有時需要拿起，而我們該拿起時拿不起，該放下時放不下。

該出手時就出手，更重要的是該放手時須放手。不論是拿起與放下，都不要被染著，那才真自在。另一則禪宗故事這樣說：

有一天，有源禪師去拜訪大珠慧海禪師，請教修道用功的方法。他問慧海禪師：「和尚，您也要用功修道嗎？」

慧海回答：「用功！」

有源又問：「怎樣用功呢？」

慧海回答:「餓了就吃飯,困了就睡覺。」

有源不解地問道:「如果這樣就是用功,那豈不是所有人都和禪師一樣用功嗎?」

慧海說:「當然不一樣!」

有源又問:「哪裡不一樣呢?不都是吃飯睡覺嗎?」

慧海說:「一般人吃飯時不好好吃飯,有種種思量;睡覺時不好好睡覺,有千般妄想。我和他們當然不一樣。」

的確,我們時常是夢中想著醒時,醒時又牽念睡中,心不能安寧,手足無措,總不自在,但是又不知其所以然。正如慧海禪師所說,用功之道在於「飢來吃飯,困來即眠」,只是我們常常吃飯時不肯吃飯,百種思索,睡時不肯睡,千般妄想啊!

放手了,我們才能真正抓住生命的本身的樂趣。放下時不執著於放下,自在;拿起時不執著於拿起,也自在。

飢來要吃飯,寒到即添衣。

困時伸腳睡,熱處愛風吹。

—— 宋・守端

苦海無邊，回頭是岸

南懷瑾先生在講《金剛經》「第六品」時道，常說苦海無邊，回頭是岸。我們人人心中橫亙著一根梁木，毅然放下那根梁木，你會發現在人生之海上，它能做前行的舵和槳。

學禪的師兄弟走在一條泥濘的道路上。走到一處淺灘時，看見一位美麗的少女在那裡躑躅不前。由於她穿著絲綢的羅裙，無法跨步走過淺灘。

「來吧！小姑娘，我背你過去。」大和尚說罷，把少女背了起來。

過了淺灘，他把少女放下，然後和小和尚繼續前進。小和尚跟在大和尚後面，一路上心裡不悅，但是他默不作聲。晚上，住到寺院裡後，他忍不住了，對大和尚說：「我們出家人要守戒律，不能親近女色，你今天為什麼要背那個女人過河呢？」

「呀！你說的是那個女人呀！我早就把她放下了，你到現在還掛在心上？」大和尚笑著答道。

大和尚雖然懷中有美女，但是心中無美女，沒有染著，所以沒有牽念。小和尚則相反，他雖沒有背那美麗少女過河，卻一直念念不忘。

小和尚心中有根梁木，因他畢竟是小和尚，所以他懷中無美女，心中有美女，一直耿耿於懷，這叫提得起。他提起這根

梁木，就有放下做舵的希望。

　　石䂬慧藏禪師，出家前是個獵人。他最討厭見到和尚，有一天他追趕一隻獵物時，被馬祖道一禪師攔住。

　　這個討厭和尚的獵人，見有個和尚干擾他打獵，就掄起手臂，要與馬祖道一動武。

　　馬祖道一問他：「你是什麼人？」

　　石䂬慧藏：「我是打獵的人。」

　　馬祖道一：「那，你會射箭嗎？」

　　石䂬慧藏：「當然會。」

　　馬祖道一：「你一箭能射幾個？」

　　石䂬慧藏：「我一箭能射一個。」

　　馬祖道一：「你實在不懂射法。」

　　石䂬慧藏：「那麼，和尚你可懂得射法？」

　　馬祖道一：「我當然懂得射法。」

　　石䂬慧藏：「你一箭又能射得幾個？」

　　馬祖道一：「我一箭能射一群。」

　　石䂬慧藏：「彼此都是生命，你怎麼會忍心射殺一群？」

　　獵人雖以殺生為本，但是殺取有道，這叫不失本心。馬祖道一語含機鋒地問：「哦，看來你也懂一箭一群的真義，可是怎麼不照一箭一群的法則去射呢？」

第八章　放下即是解脫

石碧慧藏：「我知道和尚一箭一群的意思，可是要讓我自己去射，真不知道如何下手！」

馬祖道一高興地說：「呵！呵！你這漢子曠劫以來的無明煩惱，今日算是斷除了。」

於是，石碧慧藏扔掉弓箭，出家拜馬祖道一為師。

石碧慧藏不可謂不厭惡佛法，但就在念頭一轉間，他也放下屠刀，立地成佛。石碧慧藏的屠刀就是他手中的弓箭，幸運的是石碧慧藏遇到了馬祖道一這樣靈鋒犀利的禪師助他開悟，在他放下弓箭的時候，他就上岸了。

有一個久戰沙場的將軍，已厭倦戰爭，專程到大慧宗杲禪師處要求出家。他向宗道：「禪師！我現在已看破紅塵，請禪師慈悲收留我出家，讓我做你的弟子吧！」

宗杲：「你有家庭，有太重的社會習氣，你還不能出家，慢慢再說吧！」

將軍：「禪師！我現在什麼都放得下，妻子、兒女、家庭都不是問題，請您立刻為我剃度吧！」

宗杲：「慢慢再說吧！」

將軍無奈，有一天，起了一個大早，就到寺裡禮佛。宗杲一見到他便說：「將軍為什麼那麼早就來拜佛呢？」

將軍學習用禪語詩偈說道：「為除心頭火，起早禮師尊。」

宗杲開玩笑地也用偈語回道：「起得那麼早，不怕妻偷人？」

將軍一聽，非常生氣，罵道：「你這老怪物，講話太傷人！」

宗杲哈哈一笑道：「輕輕一撥扇，性火又燃燒，如此暴躁氣，怎算放得下？」

放下！放下！不是口說放下就能放下，「說時似悟，對境生迷」，俗話說，江山易改，本性難移。但將軍那根梁木並不是不能放下的，也許在禪師的指點之下，他會恍然開悟的。

有個中年人，覺得自己的日子過得非常沉重，生活的壓力太大，想要尋求解脫的方法，因此去向一位禪師求教。

禪師給了他一個簍子，要他背在肩上，指著前方一條坎坷的道路說：「每當你向前走一步，就彎下腰來撿一顆石子放在簍子中，然後看看會有什麼感受。」

中年人照著禪師的指示去做，他背上的簍子裝滿了石頭後，禪師問他一路走來有什麼感受。他回答說：「感到越來越沉重。」

禪師說：「每一個人來到這個世界上時，都背負著一個空簍子。我們每往前走一步就會從這個世界上撿一樣東西，因此才會有越來越累的感慨。」

中年人又問：「那麼有什麼方法可以減輕人生的重負呢？」

禪師反問他：「你是否願意將名聲、財富、家庭、事業、朋友拿出來捨棄呢？」那人默然，不能回答。

中年人有毅然放下的勇氣和果決嗎？我們拭目以待。

第八章　放下即是解脫

《紅樓夢》中跛足道人有名的《好了歌》唱道：

世人都曉神仙好，只有功名忘不了！
古今將相在何方？荒塚一堆草沒了！
世人都曉神仙好，只有金銀忘不了！
終朝只恨聚無多，及到多時眼閉了！
世人都曉神仙好，只有嬌妻忘不了！
君生日日說恩情，君死又隨人去了！
世人都曉神仙好，只有兒孫忘不了！
癡心父母古來多，孝順兒孫誰見了？

這是一首應該在當今流行的歌，它唱得那麼透澈，直抵我們每個人的心靈深處。那是一種萬緣放下自逍遙的大灑脫。

苦海無邊，回頭不一定就是岸。岸就在我們心中，只要放下我們心中那根梁木，就能做生命之舟的槳和舵，揚帆起航，駛向快樂無憂的彼岸。

三十年來海上游，水清魚現不吞鉤。
釣竿斫盡重栽竹，不計功程得便休。

——唐·船子德誠

破除糾結最好的法門：活在當下

何處是岸？

南懷瑾先生以他獨到的見解告訴我們，當浮蕩在人生的苦海時，岸是看不到的，往前方眺望，永遠是白茫茫的天際線，回頭望同樣只見過往的風濤，左右盼顧也是枉然，你注定是看不到岸的。那麼，人就如此可憐，該永遠顛簸在風波中，沒有出頭路嗎？南懷瑾先生及時為我們指出了一條道路，就是一切當下放下，現在就是岸，岸就在這裡，岸就在你腳下。放下聽起來、說起來是非常容易輕鬆的一件事，但做起來卻是難上加難。

南懷瑾先生為了更清楚地闡釋這個知易行難的道理，順便講了唐僖宗太子的故事：

禪宗有個公案，有一個龍湖普聞禪師，普聞是他的名字，他是唐僖宗太子，看破了人生，出了家到石霜慶諸禪師那裡問佛法。他說，師父啊，您告訴我一個簡單的方法，怎麼能夠悟道？這個師父說：「好啊！」

他就立刻跪了下來：「師父啊，您趕快告訴我。」

師父用手指一下廟子前面的山，那叫案山。依看風水的說法，前面有個很好的案山，風水就對了；像坐在辦公椅子上，前面桌子很好，就是案山好。

第八章　放下即是解脫

　　他這個廟子,前面有個案山非常好。案山也有許多種,有的案山像筆架,是筆架山,這個家裡一定出文人的;有些是箱子一樣,一定發財的。

　　石霜慶諸禪師說:「等前面案山點頭的時候,再向你講。」

　　他聽了這一句話當時開悟了。換句話說,你等前面那個山點頭了,我會告訴你佛法,這是什麼意思?

　　「才說點頭頭已點,案山自有點頭時」。說一聲回頭是岸,不必回頭,岸就在這裡,等你回頭已經不是岸了。

　　當我們在無邊苦海拚死掙扎的時候,狂濤巨浪裏脅我們,讓我們喘不過氣來。或許我們會喪失希望,但是當我們醒悟,靠自己的力量即得解脫。因為岸還是岸,你還是你,你和岸之間有座彩虹一般的橋梁,這橫跨天空的橋梁就是放下。在你放下的一瞬間,岸就橫亙在你眼前,你已踏上穩穩實實的岸。

　　下面就有一件奇妙的事,發生在心念之間的斷然放下。

　　有一個女施主,家境非常富裕,不論其財富、地位、能力、權力及漂亮的外表,都沒有人能夠比得上,她卻鬱鬱寡歡,連個談心的人也沒有。於是她去請教無德禪師,如何才能具有魅力,贏得別人的喜歡。

　　無德禪師告訴她:「妳能隨時隨地和各種人合作,並具有和佛一樣的慈悲胸懷,講些禪話、聽些禪音、做些禪事、用些禪心,那妳就能成為有魅力的人。」

女施主聽後，問道：「禪話怎麼講呢？」

無德禪師道：「禪話，就是說歡喜的話、說真實的話、說謙虛的話、說利人的話。」

女施主又問道：「禪音怎麼聽呢？」

無德禪師道：「禪音就是化一切音聲為微妙的音聲，把辱罵的音聲轉為慈悲的音聲，把譭謗音、哭聲鬧聲、粗聲醜聲轉為稱讚的音聲，那就是禪音了。」

女施主再問道：「禪事怎麼做呢？」

無德禪師：「禪事就是布施的事、慈善的事、服務的事、合乎佛法的事。」

女施主更進一步問道：「禪心是什麼呢？」

無德禪師道：「禪心就是你我一如的心、聖凡一致的心、包容一切的心、普利一切的心。」

女施主聽後，一改從前的驕氣，在人前不再誇耀自己的財富，不再自恃自我的美麗，對人總謙恭有禮，對眷屬尤能體恤關懷，不久就被誇為「最具魅力的施主」了！

這個虛心的女施主在聽過禪師的勸導之後，心念一轉，魅力就在她的身上呈現出來了。她就成功地登上了幸福的彼岸。這樣的奇妙並不單屬於她，只要你體會到放下舊我，不執著於陳腐，你也能駛向這幸福的彼岸。

勇於放下，果斷放下，在放下的一剎那，你會感到天地原

來如此廣闊，你會發現你的腳步真是輕健平穩，你的心房是如此安穩溫馨。

天涯遠不遠？不遠。岸不在天涯，放下的時候，岸就在你腳下。

處處逢歸路，頭頭達故鄉。

本來現成事，何必待思量。

——宋・神照本如

讓放下成為一種生活方式

南懷瑾先生說，「懸崖撒手，自肯承當」。懸崖撒手，你要自肯承當跳下來，就立即由最危險處到達了最穩妥處。成佛見道不能依賴他力，只有自己站起來，要你自己真是絕後再蘇，然後才成佛。當然其中先要經過懸崖撒手，懸崖撒手是什麼都丟光，不但人世間的一切都丟掉，連佛法也丟掉。

一個人從高空撒手跳下來，什麼都沒有，一切都丟得乾乾淨淨，然後才能見到法身。下面說的就是這樣一個故事：

過去有一個人出門辦事，跋山涉水，好不辛苦，有一次經過險峻的懸崖，一不小心，掉到深谷裡去。

此人眼看生命危在旦夕，雙手在空中攀抓，剛好抓住崖壁

上枯樹的老枝,總算保住了生命,但是人懸蕩在半空中,上下不得,正在進退維谷、不知如何是好的時候,忽然看到慈悲的佛陀,站立在懸崖上,慈祥地看著自己,此人如見救星般,趕快求佛陀說:「佛陀!求求您慈悲,救我吧!」

「我救你可以,但是你要聽我的話,我才有辦法救你上來。」佛陀慈祥地說著。

「佛陀!到了這種地步,我怎敢不聽您的話呢?隨您說什麼,我全都聽您的。」

「好吧!那麼請你把攀住樹枝的手放下!」

此人一聽,心想,把手一放,勢必掉到萬丈深淵,跌得粉身碎骨,哪裡還保得住生命?因此更加抓緊樹枝不放,佛陀看到此人執迷不悟,只好離去。

我們想明心見性,就要遵循佛陀的指示,把手放下來。否則拚命執著,怎好救你脫離險境呢?我們要救掙扎喊救命的溺水者,不能貿然跳下去,這樣不僅救不了人,反而你被他緊緊抱住,施展不開游泳的身體,說不定兩個人都要喪命。

從佛陀勸誡吊在懸崖上的人放手的故事中,我們可以得到這樣的啟示:溺水者先要信任能得救,再就是要放開讓人去救,最後才能真正得救。

身處懸崖的人有生命危險,卻沒有撒手讓佛陀救的勇氣和決心,我們會不會重步這樣的後塵呢?

第八章　放下即是解脫

時光回溯到唐朝元和年間,白居易去拜見道林禪師。他見道林住在一棵古松樹上,便說:「禪師的住處很危險啊!」

禪師說:「太守更加危險!」

白居易笑笑,自信地說:「弟子鎮守一方江山,有什麼危險?」

禪師道:「塵世俗務如薪火煎熬,處心積慮煩惱不休,這難道不危險嗎?」

白居易聞言反思,心有所悟。

白居易說禪師住處危險,是淺層的認知;禪師說太守更危險,是深層的悟覺。

道林禪師放下火燎般的世間俗務,居住在樹上,過的是閒雲野鶴、世外高人的生活,他直白的一句就直入身居高位、權勢在手的白居易的心,讓他警醒慎行。

對塵世名、利、色的貪戀就是懸崖絕壁,我們在此時就要領悟懸崖撒手的禪意,讓放下不僅僅停留在佛家的主張上,而是成為我們的生活方式。

有個後生從家裡出來要到一座禪院去,在路上他看到了一件十分有趣的事情,他想去考考禪院裡的老禪師。

來到禪院之後,後生與老禪師一邊品茶,一邊閒談,他冷不防地突然問了一句:「什麼是團團轉?」

老禪師立即答道:「皆因繩未斷。」

後生聽到老禪師這樣的回答，頓時目瞪口呆。

老禪師見狀，問：「什麼使你這樣驚訝呢？」

「不，老師父，我驚訝的是，您怎麼知道的呢？」

後生說：「今天在我來禪院的路上，看到一頭牛被繩子穿了鼻子，拴在樹上，這頭牛想離開這棵樹，到草地上去吃草，誰知它轉過來轉過去都不得脫身。我以為師父沒有看見，肯定答不出來，哪知師父出口就答對了。」

老禪師微笑著說：「你問的是事，我答的是理，你問的是牛被繩縛而不得解脫，我答的是心被俗務糾纏而不得超脫，一理通百事啊！」

想想我們自己，其實也是被一條無形的繩子牽著，像老牛一樣圍著樹幹團團轉，總解脫不了。「放下！」這是非常不容易做到的，世上的人有了功名，就對功名放不下；有了金錢，就對金錢放不下，有了愛情，就對愛情放不下；有了事業，就對事業放不下。

對活在忙碌緊張、名利纏繞的當代社會的我們而言，肩上的重擔，心上的壓力，使人生活過得非常艱苦。必要的時候，佛陀指示的「放下」，不失為一條跨越懸崖，朝晴朗的幸福天宇飛翔的翅膀！

南懷瑾先生講《金剛經》的「第二十八品偈頌」曰：

第八章　放下即是解脫

　　默然無語是真聞，情到無心意已薰；

　　撒手大千無一物，莫憑世味論功勳。

　　懸崖撒手還不夠，三千大千世界的一切，都可以拿來布施，一切都可以放下，真正地放下；就是六祖說的「本來無一物」。

　　繁華叢裡一閒身，卻向他途別覓春；

　　千丈懸崖能撒手，不知誰是個中人。

—— 南懷瑾

第九章

尋回
失落已久的靈性

第九章　尋回失落已久的靈性

勿讓虛妄遮蔽了真心

雪竇禪師曾寫過這樣一首詩：

一兔橫身當古路，蒼鷹一見便生擒，

可憐獵犬無靈性，只向枯樁境裡尋。

一隻兔子橫躺在一條路上，老鷹在空中一看，大路中間躺著一隻兔子，衝下來就把兔子叼走了。那隻獵狗靠鼻子聞，跑過來聞了半天，只好向枯樹根的空洞裡拚命找。

南懷瑾說，雪竇禪師是禪宗的大師，罵世上這一班學禪宗的人，參公案啊，參話頭啊，都像這隻獵犬一樣，只向枯樁境裡尋。如果是大智慧的人，會像那隻老鷹一樣，空中一見，就把兔子叼上去了，這個境界就空了。我們後面的獵狗很勤快，拚命跑，轉啊轉啊，跑啊跑啊，就在那裡找這個境界，找一個空！

因此，一個學禪的人，一定不要誤入歧途，鑽故紙堆，而應該充分調動自己的靈性，讓自己的生命在當下的生活中鮮活起來。

明朝有個名叫袁了凡的人，他在自己的家訓中講了自己親身經歷的往事。故事是這樣的：

年輕的時候，袁了凡曾經遇到一個算命很準的人，算的事

情一一應驗。於是袁了凡就有了一種「順天應命」的人生態度，認為一切都是注定的，不需要刻意追求。

有一年，他去拜訪一位名叫雲谷的禪師。雲谷禪師對他說，命運是可以改變的，修養內心，增進品德，就可以改變命運，並引經典作為證明。

袁了凡告訴禪師，按算命的說，他自己考不上進士，而且沒有兒子。

雲谷禪師問：「你自己想想，你能考到進士嗎？應該有兒子嗎？」

袁了凡想了很久，說「不應該」，並承認他自己性格上有很多缺點，性格急躁、心胸不開闊、不能容人。有時還仗著聰明來壓別人，任性、說話不注意。以及太喜歡乾淨、脾氣不好、冷漠、說話多、喜歡喝酒、喜歡徹夜玩、不保養身體等。他認為這都說明自己德行不夠，不應該有福氣。

雲谷禪師先肯定了袁了凡的說法，隨後說：「你今天既然已經知道自己的錯誤，就可以改正……務必要積德，務必要寬容，務必要有愛心，務必要愛惜身體。從前的種種，就像昨天的你已經死了。以後的一切，就像你是今天剛出生的（和過去一刀兩斷），這就是你精神生命的再生……」

袁了凡相信雲谷禪師的話，誠懇地接受了他的教導。在佛前做了懺悔，並且表露心願，發誓要做三千件善事，以報答天地祖宗。雲谷禪師給他一個「功過格」，讓他每天記錄自己做過

第九章　尋回失落已久的靈性

的事情。做了善事就記錄上去,加一個數;做了壞事就減一個數。他說:「提高自己的修養,促使命運的轉變。什麼叫『修養』?就是有什麼缺點,都要想辦法去除。能做到這一點,就達到了『先天的境界』,這是真實的學問啊。」

從那天起,袁了凡每天都提醒著自己。感覺生活和過去不同了,過去是放任自己,而現在是時時警覺。就是自己一個人的時候,也不敢做不好的事情,害怕得罪天地。遇到別人恨他、詆毀他的時候,也能有度量寬容了。

他做了一本子的空表格,起名叫「治心編」。每天做的事情,大大小小都有記錄,看自己做的善事有多少。後來,他的性格大大改善,而命運也越來越好。

透過改正錯誤、不摻雜念地行善積德、修身養性,袁了凡成功地改變了自己的命運。若他沒有經過雲谷禪師的點化,就此相信算命者的話不做改變,他的人生就不會有任何改變。

一個遺失了生命的靈性的人,是無藥可救的,因此,修禪從某種意義上說,就是要找一個人身為人時所需要的靈性。

朱慈目居士對佛光禪師說:「禪師!我念佛拜佛已經二十多年了,最近在持佛號時,好像不太一樣。」

佛光禪師問:「有什麼不一樣呢?」

朱慈目說:「我過去在持佛號時,心中一直有佛性,就算口中不念,心中仍然覺得佛聲綿綿不絕,就是不想持,那聲音仍

像泉源會自動流露出來。」

佛光禪師說：「這其實很好啊，表示你學禪已經到了找到自我真心的境界了啊。」

朱慈目說：「謝謝禪師的讚嘆，但是我現在不行了，我現在很苦惱，因為我的真心不見了。」

佛光禪師疑惑地問：「真心怎麼會不見了呢？」

朱慈目說：「因為我與佛相應的心沒有了，心中佛聲綿綿不斷的淨念沒有了，再也找不回來了。禪師，我為此很苦惱，請您告訴我，我到哪裡去找我的真心呢？」

佛光禪師啟示：「尋找你的真心，你應該知道，真心並不在任何地方，你的真心就在你自己的身中。」

朱慈目說：「我為什麼不知道呢？」

佛光禪師說：「因為你一念不覺和妄心打交道，真心就離你而去了。」

朱慈目聽後，豁然開朗。

真心沒有了，這就好像說失落了自己，找不到自家的家門。人為什麼會有各式各樣的迷惑呢？原因就在於虛妄遮蔽了真心。

南懷瑾說，每一位佛都在放光，何以眾生看不見呢？因為被自己的業力蓋住了，所以看不見佛光。等你定慧到了，只要一定，自身光明隨時都可以跟佛的光明相接。你們打起坐來，不管開眼也好，閉眼也好，黑漆一團，一團烏煙瘴氣，這就證

明地獄在你面前。因為你內心汙染得厲害，自己的光明被遮蓋住了，佛光想灌都灌不進來。念佛念了半天，沒有願力，只有一肚子的怨，怎麼能見到光明呢？

因此，一個人一定不要被社會汙染得太嚴重了，保持內心的純潔，保持自我的靈性，就能獲得一個幸福的人生。

不是風幡不是心，曹溪一路盡平沈；
俊鷹豈肯籬邊立，直透青霄萬萬尋。

—— 宋·慧空禪師

像孩子一樣快樂無憂

南懷瑾先生認為，清靜無為。心中既無煩惱也無悲傷，無得也無失，沒有光榮也沒有恥辱，正反兩種都沒有，永遠是非常平靜的，這個是所謂上界的福報 —— 清福。

南懷瑾說，清福每個人都有，我們每一個人都有清閒的時候，可是一天到晚無事，閒在家裡，有些人卻閒不住！自己會掉眼淚，好像被社會上的人忘掉了，又怕被人家看不起！沒有一個人遞一張名片來看我，沒有人發個請帖來，也沒有人打個電話問候！於是自己覺得好悲哀啊……他有清福不會享！學佛的人要先能明瞭這一點。

世界上一切人的心理佛都知道；一切人都把不實在的東西當成實在，真的清淨來了，他也不會去享受。學佛證到了空性、自性的清靜無為、大智慧的成就，才算是真福報。真福報那麼難求嗎？非常容易！可是人到了有這個福報的時候，反而不要了，這都是自找煩惱。

趙州和尚問新來的僧人：「你來過這裡嗎？」

僧人答：「來過！」

趙州和尚便對他說：「吃茶去！」

又問另一個僧人：「你來過這裡嗎？」

僧人答：「沒有。」

趙州和尚也對他說：「吃茶去！」

在一旁的院主奇怪地問：「怎麼來過的叫他去吃茶，沒有來過的也叫他去吃茶呢？」

趙州和尚就叫：「院主！」

院主答應了一聲。趙州和尚就對他說：「走，吃茶去！」

不要想太多，人生如果能夠達到佛境界，就是無可無不可的快樂無憂的境界了，「吃茶去」多麼親切自然。

唐朝時，有一位懶瓚禪師隱居在湖南南嶽衡山的一個山洞中，他曾寫下一首詩，表達他的心境：

世事悠悠，不如山丘……臥藤蘿下，塊石枕頭……不朝天

第九章　尋回失落已久的靈性

子，豈羨王侯？生死無慮，更復何憂？

這首詩傳到唐德宗的耳中，德宗心想，這首詩寫得如此灑脫，作者一定也是一位灑脫飄逸的人物吧，應該見一見！於是派大臣去迎請禪師。

大臣拿著聖旨東尋西問，總算找到了禪師所住的巖洞，正好瞧見禪師在洞中生火做飯。大臣便在洞口大聲呼叫道：「聖旨到，趕快下跪接旨！」

洞中的懶瓚禪師，卻裝聾作啞地毫不理睬。

大臣探頭一瞧，只見禪師以牛糞生火，爐上燒的是地瓜，火愈燒愈熾，整個洞中煙霧瀰漫，熏得禪師鼻涕縱橫，眼淚直流，大臣忍不住說：「和尚，看你髒的！你的鼻涕流下來了，趕緊擦一擦吧！」

懶瓚禪師頭也不回地答道：「我才沒工夫為俗人擦鼻涕呢！」

懶瓚禪師邊說邊夾起炙熱的地瓜往嘴裡送，並連聲讚道：「好吃，好吃！」

大臣湊近一看，驚得目瞪口呆，懶瓚禪師吃的東西哪是地瓜呀，分明是像地瓜一樣的石頭！懶瓚禪師順手揀了兩塊遞給大臣，並說：「請趁熱吃吧！世界都是由心生的，所有東西都來源於知識。貧富貴賤，生熟軟硬，你在心裡把它看作一樣不就行了嗎？」

大臣看不慣禪師這些奇異的舉動，也聽不懂那些深奧的佛法，不敢回答，只好趕回朝廷，添油加醋地把禪師的古怪和骯

髒稟告皇帝。德宗聽後並不生氣，反而讚嘆地說道：「我們國內能有這樣的禪師，真是我們大家的福氣啊！」

快樂無憂是因為物質條件的豐厚嗎？顯然不是。一個人的心中充滿了快樂，快樂只是一種感覺而已。

煩惱過了就是清淨，過去心不可得，現在心不可得，未來心不可得；不生法相，應無所住而生其心，就這麼簡單。

文殊笑，普賢嗔，眼裡無筋一世貧；
相逢盡道休官去，林下何曾見一人。

—— 宋·法泉禪師

出淤泥而不染

過去心不可得，現在心不可得，未來心不可得。南懷瑾說，不可得的也不可得，是名不可得，不可得就是不可得！所以真正的佛法最現實，只有現在、現實，現在心不可得，心安理得，此心清淨得很，這就是佛法。

司馬禪師想要選一個人到溈山去當住持。

他下令敲鐘集合全寺僧人，然後宣布說：「你們中間誰能當著大家的面出色地回答我一句話，我就讓他去溈山當住持。這裡的每一個人都有機會，但是要看你們的本事了。」

第九章　尋回失落已久的靈性

司馬禪師拿起一個淨瓶,說道:「這個不是淨瓶,是什麼?有誰能回答?」

眾僧抓耳撓腮,面面相覷:分明是淨瓶,卻不能稱作淨瓶,那稱作什麼呢?華林和尚也在那裡不知所措。

這時候,來了一個蓬頭垢面的和尚,他說:「讓我來試試!」

眾人一看,原來是寺內專做勞役的雜務僧,都哈哈大笑起來,說道:「燒火做飯的,居然也想試試!」

司馬禪師問道:「你叫什麼?」

和尚沉靜地答道:「靈佑。」

於是靈佑和尚就走上前去,從禪師手中接過淨瓶,放在地上,然後一腳把它踢出了院牆,轉身就退了回去。

司馬禪師驚喜地叫起來:「這正是溈山的住持啊!」

既然不是淨瓶,那就一腳踢翻好了,何必多說?眾僧目睹了靈佑深得禪機,個個心服口服。後來靈佑和尚便去溈山當了住持,創立了中國禪宗五大宗派之一的溈仰宗。靈慧的靈佑和尚獨具禪眼,他直來直去,像一朵無垢無染的白蓮花。他心地清淨,不著一物,故能以夠伕身分開創中國禪的溈仰宗。他本無意去爭奪這個住持位置,他有的是一顆璞玉一般的心。

禪宗六祖慧能說:若能鑽木出火,淤泥定生紅蓮。「無欲則剛」這一警句可以作為我們立身行事的指南。是的,人若無欲品自高,就是說,人若沒有私欲,品格自然清高,不染塵泥。是

的，一個人做到無欲的時候，就放棄了心中的雜念，清空了心靈裡面世俗生活積存下來的枯枝敗葉。清空了心靈，才能最大限度地獲得生命的自由和獨立；清空了心靈，才能收穫未來的光榮與輝煌；清空了心靈，才能有了讓生命一次次遠行的條件。人格的偉大之處就在於：能超出欲望的需求而追求品德的完善。

無數的事實證明，凡追求高尚人格者都信仰「人到無求品自高」。因此，能夠遵循高尚人格的要求，有所為，有所不為，能夠「不降其志，不辱其身」。

掐珠不念佛，開眼不見色。

吃飯誰擇日，任東西南北。

——宋・咸靜禪師

讓個性在歲月中自然流露

在世人的眼中，禪的境界是很高的境界，可望而不可即，很玄妙。其實，古往今來的禪師反覆強調，禪的境界就在人間，在每個人的身上。一個人，只要能夠保持自己的本色，發揮自己的天然個性，就是禪的境界。

南懷瑾說，作詩、弄文，固然無關禪道，但是如果從性上自然流露，也正與彈指之事相同，何妨起用。能文的便文，能

第九章　尋回失落已久的靈性

武的便武,各守本分也。

唐代時,有參學禪法的僧人不遠千里,來到趙州觀音院。早飯後,他來到趙州禪師跟前,向他請教:「禪師,我剛剛開始寺院生活,請您指導我:什麼是禪?」

趙州問:「你吃粥了嗎?」

僧人答:「吃粥了。」

趙州說:「那就洗缽去吧!」

在趙州禪師話語之中,這位僧人有所悟。

趙州的「洗缽去」,指示參禪者要用心體會禪法的奧妙之處,必須不離日常生活。禪宗的精神法眼文益禪師上堂說法,跟大家講了一個故事:

從前有一個老頭和一個小孩生活在一起,奇怪的是,這個老頭從來不教孩子各種禮儀和做人的道理,只是讓他自然而然地健康成長。

有一天,一個雲遊四方的僧人,在老頭的家中借宿,見孩子什麼也不懂,於是教了他很多禮儀。

孩子很聰明,很快就學會了。晚上,孩子見老者從外面回來。恭敬地走上前去問安。老者十分驚訝,就問孩子:「是誰教給你的這些東西?」

孩子如實回答:「是今天來的那個和尚教我的。」

老者馬上找到和尚，責備說：「和尚你四處雲遊，修的是什麼心性啊？這孩子被我撿來養了兩三年，幸好保持了他一片天然可愛的本心，誰知道一下子就被你破壞了！拿起你的行李快出去吧，我家不歡迎你！」

當時已經是傍晚了，還下著淅瀝的小雨，但是生氣的老者還是將和尚趕走了。

是啊，小孩秉持天然個性成長，和尚卻用俗禮汙染，和尚不冤。

有人請教大龍禪師：「有形的東西一定會消失，世上有永恆不變的真理嗎？」

大龍禪師回答：「山花開似錦，澗水湛如藍。」

多麼美妙的一幅山水畫啊！「山花開似錦」——山上開的花呀，美得像錦緞似的，轉眼即會凋謝，但是仍不停地奔放綻開。「澗水湛如藍」——溪流深處的水呀，映襯著藍天的景色，溪面卻靜止不變。沒有絲毫的背離。

這個對句，隱喻著世界本身就是美的，稍不經意，就將流逝、消失。生命的意義在於生的過程。在我們這個物質世界，有一個時間之箭，任何東西都受它的強烈影響。花開，注定要凋落，山花卻不因要凋謝，而不蓬勃開放；清清的澗水不因其流動，而不映襯藍天。時間之箭是單向的，我們這些生命，都要把握住現在、今朝。

第九章　尋回失落已久的靈性

守住自己的天然野趣，讓自己的個性在歲月中自然流露，無論為文、為詩、為畫，都是一種天然情趣，都會有一種生命獨特的美麗。

流水下山非有意，片雲歸洞本無心；
人生若得如雲水，鐵樹開花遍界春。

—— 宋‧此庵守淨

認真是生活姿態

南懷瑾先生講《金剛經》時說，佛說法是真實的，不說假話，說的是老實話，實實在在，是什麼樣子就說什麼樣子。實語、真語，都容易了解，但什麼是如語呢？不可說不可說，閉口不言，其聲如雷，這個就是如語。如者如同實相般若，生命的本來畢竟清淨，清淨到無言語可說，就是如語，所以佛是如語者。不誑語，是不打誑語，不異語是沒有說過兩樣的話。

認真是我們對生活、對人生的一種態度，一個懂得事事都認真的人一定是一個熱愛生活且懂得生活的人，他也許會是一個平凡的人，但絕對不會是一個平庸的人，他的生命將因為他的認真而變得豐滿而充實。他的人生沒有虛度年華，而且在認真對待每一件事情中有了巨大的意義。

認真是生活姿態

過去有一位年輕和尚，一心求道，希望有日成佛。但是，多年苦修參禪，似乎沒有進步。

有一天，他打聽到深山中有一破舊古寺，住持某老和尚修行圓通，是得道高僧。於是，年輕和尚打點行裝，跋山涉水，千辛萬苦來到老和尚面前。兩人打起了機鋒。

年輕和尚：「請問老和尚，你得道之前，做什麼？」

老和尚：「砍柴擔水做飯。」

年輕和尚：「那得道之後，又做什麼？」

老和尚：「還是砍柴擔水做飯。」

年輕和尚於是哂笑：「那何謂得道？」

老和尚：「我得道之前，砍柴時惦念著挑水，挑水時惦念著做飯，做飯時想著砍柴；得道之後，砍柴即砍柴，擔水即擔水，做飯即做飯。這就是得道。」

老和尚的一句得道即「砍柴即砍柴，擔水即擔水，做飯即做飯」道破了禪機。的確，認認真真地去做好手中的每一件事情便是得道。認真對於我們每一個平凡的人來說都是一種生活姿態，一種對生命歷程完完全全地負起責任來的生活姿態，一種對生命的每一瞬間注入所有激情的生活姿態。

人生只有一次，而且光陰短暫易失，沒有比這僅有一次的人生更加值得我們去認真對待的了。不管我們的人生發生什麼樣的事情、遇到什麼樣的人，我們都應該認認真真地對待我們

生命中的每一分、每一秒。我們為什麼不能做到更好呢？結果也許是重要的，但與過程相比則算不上什麼，人生原來也只是一個過程而已，因此，不管結果如何，我們都應該認真地對待每一件事情，力求將其做到最好。

是的，也許「認真」是一項無法保證豐收的艱苦耕耘。認真是行而下層面的行為，它收穫的往往是行而上層面的滿足，它使人生的原生態得以展示，亦使人生的豐富性得以體現。

荷蘭哲學家巴魯赫‧史賓諾沙（Baruch Spinoza）一生貧困潦倒，以打磨眼鏡片維持生活。白天，他在昏暗狹小的作坊裡一絲不苟地淬鍊、打磨、裝配，每個程序都精益求精，幾乎比夜晚在燈下寫哲學著作還要虔誠。在他生活的城市裡，沒有人意識到史賓諾沙將是影響幾個世紀的人類精神領域的大思想家，卻都知道他是手藝精湛的工匠。艱辛的勞動使史賓諾沙雙目失明，英年早逝。但是若沒有認真打製眼鏡片的姿態，也就不可能有在思考和寫作中燃燒自我的精神境界。前者為後者奠定了尋求永恆價值的根基，後者是前者在另一種勞動形態上的昇華。在為世人尋求光明這個意義上，斯賓諾莎打製的每一副鏡片與寫下的每一頁手稿都具有同等的價值。

透過「認真」這扇發掘人類高貴性的窗口，我們的心房將灑滿黃金般的陽光，所有的沮喪與失望將被戰勝。認真是我們用以觀察和感覺宇宙的全部推力和壓力的方法，它在最細微的縫

隙中發揮作用，但是它為我們展開了寬廣的前景。以認真的姿態生活的人，也正腳踏實地地走在通向真理的道路上。

是日已過，命亦隨減。

如少水魚，斯有何樂。

——《法句經·無常品》

花和尚真性情

在講《金剛經》時，南懷瑾先生講述了這樣一則故事：

有兩個禪師是師兄弟，都是開悟了的人，一起行腳。從前的出家人肩上背著一根木棍子，上面有一個鐵打的方方的東西，叫作方便鏟。

和尚們背著這個方便鏟上路，第一準備隨時種植生產，帶一塊馬鈴薯，在有泥巴的地方，把馬鈴薯切四塊埋下去，不久馬鈴薯長出來，可以用來做飯，不用化緣了。

第二，在路上看到死掉的東西就把他埋掉。這對師兄弟在路上忽然看到一個死人，一個「阿彌陀佛，阿彌陀佛」，就挖土把他埋掉；一個卻揚長而去，看都不看。

有人去問他們的師父：「你兩個徒弟都開悟了的，我在路上看到他們，兩個人的表現是兩樣，究竟哪個對呢？」

第九章　尋回失落已久的靈性

師父說:「埋他的是慈悲,不埋的是解脫。」

因為人死了最後都是變泥巴的,擺在上面變泥巴,擺在下面變泥巴,都是一樣,所以說,埋的是慈悲,不埋的是解脫。

埋或者不埋,都是一種個性天然的體現,在這裡體現了一種真性情的存在,所以,禪師才說他們都開悟了。這種真性情正是禪宗的精神核心。

禪機妙意其實植根於每個人的心中,只是我們自己平時沒有覺察到而已。每個修禪有所成就的人,總是會顯現自己的天然個性,這種個性,無為無不為,無可無不可,自在天然。

魯智深,人稱花和尚,小說《水滸傳》中的重要人物,梁山一百單八將之一。姓魯名達,出家後法名智深。

魯達本在渭州小種經略相公手下當差,任經略府提轄。為救弱女子金翠蓮,他三拳打死鎮關西,被官府追捕。逃亡途中,經趙員外介紹,魯達到五台山文殊院落髮為僧,智真長老說偈賜名曰:「靈光一點,價值千金。佛法廣大,賜名智深。」

智深在寺中難守佛門清規,大鬧五台山,智真長老只得讓他去投東京大相國寺,臨別時贈四句偈言:「遇林而起,遇山而富。遇水而興,遇江而止。」

魯智深在相國寺看守菜園,收伏眾潑皮,倒拔垂楊柳,偶遇林沖,結為兄弟。林沖落難,刺配滄州,魯智深一路暗中保護。在野豬林裡,解差董超、薛霸欲害林沖,魯智深及時出

手，救了林沖一命，此後一直護送至滄州七十里外。智深因而為高俅所迫，再次逃走在江湖上，後與楊志等一起打下青州二龍山寶珠寺，就此落草。武松做了行者後，也來入夥。

呼延灼連環馬為徐寧所破，投奔青州知府慕容彥達，惹出事端，於是有二龍山、桃花山、白虎山三山聚義，攻打青州。宋江引梁山泊好漢下山增援，成功後一眾人等同上梁山，魯智深方與林沖重聚。

梁山一百單八將聚齊後，排定座次，魯智深為天孤星，位列十三，在戰鬥序列中為步軍領袖之首。不久，宋江在〈滿江紅〉詞中流露出招安之意，武松、李逵不快。魯智深說：「只今滿朝文武，俱是奸邪，矇蔽聖聰。就比俺的直裰，染做皂了，洗殺怎得乾淨！招安不濟事！便拜辭了，明日一個個各去尋趁罷。」

宋江等受招安後，魯智深陪同宋江，重上五台山，參禮智真長老。師父說：「徒弟一去數年，殺人放火不易！」臨別時再贈四句偈言：「逢夏而擒，遇臘而執。聽潮而圓，見信而寂。」

後來，宋江征方臘，大戰烏龍嶺。魯智深追殺夏侯成，卻迷路入深山，得一僧指點，從緣纏井中解脫，生擒方臘。宋江大喜，勸智深還俗為官，蔭子封妻，光宗耀祖。智深說：「灑家心已成灰，不願為官，只圖尋個淨了去處，安身立命足矣。」

宋江又勸他住持名山，光顯宗風，報答父母，智深說：「都不要！要多也無用。只得個囫圇屍首，便是強了。」

第九章　尋回失落已久的靈性

　　宋江等凱旋，夜宿杭州六和寺。智深聽得錢塘江潮信，終於頓悟，於是沐浴更衣，圓寂涅槃，留頌曰：「平生不修善果，只愛殺人放火。忽地頓開金繩，這裡扯斷玉鎖。咦！錢塘江上潮信來，今日方知我是我。」

　　魯智深的光明磊落是人所共知的，人們喜愛這個人物也是因為他真性情，敢作敢為，直來直去，他最終能夠成佛，也是一種必然。

　　南懷瑾先生說，真性的情感這句話，有沒有問題呀？有問題！真性怎麼會有情感，真性不是沒有情感嗎？所謂情感者，即非情感，是名情感。情感也是虛妄相；但是，如果佛沒有情感，佛不會發大悲心，大悲心即是情感心。真性情就是真正的大喜大悲，是活潑長存的生命。

　　其實，如果你遍覽禪宗典籍，就會看到千千萬萬的禪師的生命是那樣的活潑、自在、返璞歸真、靈氣盎然，這不正體現一種灑脫自然的真性情嗎？因此，禪宗所修的，最終也就是這種生命中活潑的自在了。

　　返本還源便到家，亦無玄妙可稱誇；
　　湛然一片真如性，迷失皆因一念差。

—— 明・浮峰普恩

第十章

行雲流水
快活人生

第十章　行雲流水快活人生

怎樣才是真正的清醒？

在講到這一點時，南懷瑾先生引用了這樣一句古詩：「多情自古空餘恨，好夢由來最易醒。」他說：「這就是人生。好夢最容易醒，醒來想再接下去，接不下去，所以，不要去叫醒夢中人，讓他多做做好夢。我有時在想，佛說喚醒夢中人，到底是慈悲，還是狠心？我覺得一切眾生讓他做做夢，蠻舒服的！何必去叫醒他呢？」

真理往往是再簡單明瞭不過的，我們往往不信任這真理的實效，總是想要抓住什麼而活，連夢也不放過。其實我們常常在把握的實有就是虛空。我們夜晚昏昏做夢，白天接著做。甚至我們白天都像在夢遊一般，而晚上的夢幻才是最真實的。如何才是真正的清醒呢？

釋迦牟尼佛兩千多年前已經明確為我們指出了一條從白日夢中尋求清醒的道路。

釋迦牟尼佛住世時，有一位名叫黑指的婆羅門來到佛前，運用神通，兩手拿了兩個花瓶，前來獻給佛。佛對黑指婆羅門說：「放下！」

婆羅門把他左手拿的那個花瓶放下。

釋迦牟尼佛又說：「放下！」

黑指婆羅門又把他右手拿的那花瓶放下。

然而,釋迦牟尼佛還是對他說:「放下!」

這時黑指婆羅門說:「我已經兩手空空,沒有什麼可以再放下了,請問現在你要我放下什麼?」

釋迦牟尼佛說:「我並沒有叫你放下你的花瓶,我要你放下的是你的六根、六塵和六識。當你把這些通通放下,再沒有什麼了,你將從生死桎梏中解脫出來。」

黑指婆羅門才了解佛陀放下的道理。一時放卻,無可捨處,這就是你免於生死之處。

六根為眼、耳、鼻、舌、身、意,六塵為色、聲、香、味、觸、法,出家人要修成正果,非得身心安曠,做到「六根清淨」、「一塵不染」,佛陀要人放舍塵根,就是此意。

如何達到心淨如空呢?修禪的第一步是靜下心來,拋除一切掛礙,看看佛祖他老人家為我們做的榜樣。你也許會說,這很難嘛!那我告訴你,擾的是你自己,淨也當然得靠你自己嘍。

解鈴還須繫鈴人,唯一的途徑是靠自己全身心地修行體悟,進入自己的心神,外在的一切便絲毫不發揮作用。不意識到這一點,還是自作自受。無故尋愁覓恨,活在自己的夢幻中,以自己為敵地自虐,弄得病病怏怏,也許能博得同情,卻絕對沒人贊成。

因一時的疑慮、猜忌、多思而引起的不安、恐懼、戰慄,如果不加調節、不去遏止、不設法消除,那它就將在我們心頭

第十章　行雲流水快活人生

逐步滋長，發展成一種無法自拔的憂慮。我們時常是夢中想著醒時，醒時又牽念睡中，心不能安寧，手足無措，總不自在，但是又不知其所以然。

「譬如朝露，去日苦多」，何必多情？物過盛則當殺，君不聞秋聲之錚錚，秋風席捲落葉，度過一個繁茂的夏天後，絢爛而歸於平淡之極。我們的心地也應有這樣的絢爛和平淡的美。「多情自古空餘恨」，情過盛則易受傷害，往往是一個人在那兒多愁善感，於人於己哪兒有半點助益？其實很多都是杞人憂天，壓根就沒有那回事。以自己為中心，只能困於己身。「好夢由來最易醒」，好的事情一下子就沒有了，尤其做好夢醒來以後，還希望再接下去，可是好夢卻不再來。在禪宗看來，這其實並非人生的悲哀。

禪宗大師們告訴世人，住即不住，不住即住。無所住，即是住。正如《金剛經》所說，應無所住而生其心。六祖慧能即是由此領悟，漸入禪境的。但我們畢竟是凡夫俗子，還是慢慢修養，讓心如明鏡，日日清掃，捨棄主觀，丟掉成見和偏見，徹底從肆虐的白日夢中清醒過來吧，做一個簡單純粹、心地清淨的人。

身是菩提樹，心如明鏡臺；
時時勤拂拭，勿使惹塵埃。

——唐·神秀

生命的價值在於奉獻

我們別光聽南懷瑾先生講得如長江之水,滔滔不絕,看看南老先生的風骨、氣度,還有他的幽默,他本身的確是難得的一個快快活活的人。他的心態比他的年齡要小幾十歲呢!他的不老祕訣在哪裡呢?也許佛光禪師能為你提供答案。

佛光禪師門下弟子大智,出外參學二十年後歸來,正在法堂裡向佛光禪師述說此次在外參學的種種見聞,佛光禪師總以慰勉的笑容傾聽著,最後大智問道:「老師!這二十年來,您老一個人還好嗎?」

「好!很好!講學、說法、著作、寫經,每天在法海裡泛遊,世上沒有比這更欣悅的生活,每天,我忙得好快樂。」

大智關心道:「老師!應該多一些時間休息!」

夜深了,佛光禪師對大智說道:「你休息吧!有話我們以後慢慢談。」

清晨,在睡夢中,大智隱隱聽到佛光禪師禪房傳出陣陣誦經的木魚聲。白天佛光禪師總不厭其煩地對一批批來禮佛的信眾開示,講說佛法,一回禪堂,不是批閱學僧心得報告,便是擬定信徒的教材,每天總有忙不完的事。

好不容易看到佛光禪師與信徒談話告一段落,大智爭取這一空當,搶著問佛光禪師道:「老師!分別這二十年來,您每天

第十章　行雲流水快活人生

的生活都這麼忙著，怎麼不覺得您老了呢？」

佛光禪師道：「我沒有時間覺得老呀！」

「沒有時間老」，這句話後來一直在大智的耳邊響著。

世人，有的還很年輕，但是心力衰退，他就覺得老了，有的年壽已高，但是心力旺盛，仍感到精神飽滿，老當益壯。

有一位老翁，白髮蒼蒼，有人問他高壽，他答四歲，大家驚訝，他說：「過去七十年，都為自己，自私自利地生活，毫無意義，這四年來才懂得為社會大眾服務，覺得非常有意義，所以才說活了四歲。」

沒有時間老，很好，不能的話，做個四歲的老翁，也很有意義。

「沒有時間老」，其實就是心中沒有老的觀念，等於孔子說：「其為人也，發憤忘食，樂以忘憂，不知老之將至。」禪者人生觀，也是如此。及時當勉勵，歲月不待人。我們要追趕時光的腳步，甚至超過它！

無德禪師在收學僧之前，叮囑他們把原有的一切都丟在山門之外。禪堂裡，他要學僧「色身歸予常住，性命付予龍天」。但是，有的學僧好吃懶做，討厭做活；有的學僧貪圖享受，攀緣俗事。於是，無德禪師講了下面這個故事：

有個人死後，靈魂來到一個大門前。進門的時候，司閽對他說：「你喜歡吃嗎？這裡有的是精美食物。你喜歡睡嗎？這裡

想睡多久就睡多久。你喜歡玩嗎？這裡的娛樂任你選擇。你討厭工作嗎？這裡保證你無事可做，沒有管束。」

這個人很高興地留下來。吃完就睡，睡夠就玩，邊玩邊吃，三個月來下來，他漸漸覺得沒有意思，於是問司閻道：「這種日子過久了，也不是很好。玩得太多，我已提不起什麼興趣；吃得太飽，使我不斷發胖；睡得太久，頭腦變得遲鈍。您能給我一份工作嗎？」

司閻答道：「對不起！這裡沒有工作。」

又過了三個月，這人實在忍不住了，又問司閻道：「這種日子我實在沒法忍受，如果沒有工作，我寧願下地獄！」

司閻帶著譏笑的口氣問道：「這裡本來就是地獄！你以為這是天堂？在這裡，讓你沒有理想，沒有創造，沒有前途，沒有激情，讓你失去活下去的信心。這種心靈的煎熬，更甚於上刀山下油鍋的皮肉之苦，當然讓你受不了啊！」

古龍曾說過：語不驚人，不如閉嘴；生不快活，莫若死去。生活是一種承擔，我們挑起該挑的擔子，即使汗流滿面，也能於天地之間，俯仰無愧。跟隨勇敢的心，快快活活朝前去。

禪為金剛鐵，能遮煩惱箭；
雖未得無餘，涅槃分已得。

——《大智度論》卷十七

不完滿，才是人生

　　南懷瑾先生在講《金剛經》「第十一品」時講到，在這個有缺陷的世界上，沒有一個人的人生是圓滿的，假使圓滿他就早死掉了，因為佛稱的婆娑世界，是一個缺陷的世界；所以要保留一點缺陷才好。曾國藩到晚年，也很了解這個道理，他自己的書房叫做求闕齋（闕同缺），一切太滿足了是很可怕的，希望求到一點缺陷。

　　因此在這個有缺陷的世界，有福報的人沒有智慧，有智慧的人沒有福報。書讀得好的，多半是福報差一點；命運好一點的人，多半在知識上少一點，有了這一面就少掉那一面。要想什麼都歸了你，那只有成佛才行。

　　可是成佛求的不是這個福報，而是無為之福，無為之福是很難的。佛說，不圓滿的人生才是完美的人生。春秋時期的老子也說，大成若缺，大音希聲，大智若愚，大巧若拙，大象無形。

　　在這個世界上，每個人都有自己的缺憾。只有缺憾的人生，才是真正的人生。

　　法國詩人伊夫・博納富瓦（Yves Bonnefoy）說得好：「生活中無完美，也不需要完美。」殘缺之美才是真正驚心動魄的美。欣然接受缺陷，才能發現隱祕之處的幸福。

　　國王有五個女兒，這五位美麗的公主是國王的驕傲。她們

那烏黑亮麗的長髮遠近皆知，所以國王送給她們每人一百個漂亮的髮夾。

有一天早上，大公主醒來，一如既往地用髮夾整理她的秀髮，卻發現少了一個髮夾，於是她偷偷地到了二公主的房裡，拿走了一個髮夾。

二公主發現少了一個髮夾，便到三公主房裡拿走一個髮夾；三公主發現少了一個髮夾，也偷偷地拿走四公主的一個髮夾；四公主如法炮製拿走了五公主的髮夾；於是，五公主的髮夾只剩下九十九個。

第二天，鄰國英俊的王子忽然來到皇宮，他對國王說：「昨天我養的百靈鳥叼回了一個髮夾，我想這一定是屬於公主們的，而這也真是一種奇妙的緣分，不曉得是哪位公主掉了髮夾？」

那四個公主聽到了這件事，都在心裡想：是我掉的，是我掉的。可是頭上明明完整地別著一百個髮夾，所以都懊惱不已，卻說不出。只有五公主走出來說：「我掉了一個髮夾。」

少了一個髮夾的五公主披散著一頭漂亮的長髮，王子不由得看呆了，決定和公主一起過幸福快樂的日子。

很多時候，人生並不總是因為全部擁有而感到幸福，就像那九十九個髮夾，雖然不夠完美，但是卻異常精采，人生也正是因為這許多的缺憾而使得未來有了無限的轉機、無限的可能性。

第十章　行雲流水快活人生

的確，生命就像是一首高低起伏的樂章，高低錯落才會顯得生動而鮮活，所謂「如不如意，只在一念間」，人生的真相便是「不如意之事十有八九」。

人生的不圓滿是需要我們去面對和承認的事實，但是另一方面，我們也可以換一個角度來對此進行分析，其實人生的缺陷和不圓滿也是一種美，太過一帆風順，太過於完美，反而會令我們感到膩味，以至於心生厭倦而不再珍惜了。

何止人生？世界上根本就沒有絕對完美的事物，完美的本身就意味著缺憾。其實，完美總包含某種不安，以及少許使我們振奮的缺憾。沒有缺憾，生活就會變得單調乏味。亞歷山大大帝（Alexander the Great）因為沒有可征服的土地而痛哭；喜歡玩牌者若是只贏不輸就會失去打牌興趣。正如西方諺語所說：「你要永遠快樂，只有向痛苦裡去找。」

你要想完美，也只有向缺憾中去尋找最輝煌的人生，也有陰影陪襯。我們的人生劇本不可能完美，但是可以完整。當你感到了缺憾，你就體驗到了人生五味，你便擁有了完整的人生──從缺憾中領略完美的人生。

《聖經》中說，人生來就是有罪的，這就是原罪。南懷瑾說，其實人生來不是有罪，而是有缺憾，不完美，不圓滿，也就是說人生來就有業，有善業、惡業，以及不善不惡的無記業，這個業不是罪，而是一股力量，牽著你跑。

正因為人的不圓滿，才會促使人向上追求，渴望自身的圓滿。不圓滿，從某種意義上說，正是一個人靈魂飛昇的動力所在。因此，正視並珍惜你的不圓滿，努力向上，才是真正健康的心態。

麝因香重身先死，蠶為絲多命早亡；

……

生前枉費心千萬，死後空留手一雙。

── 明・憨山德清

生命當如不繫舟 ── 隨遇而安

一個人如果想要像禪者一樣，放曠於天地之間，他（她）得先有顆自由飄逸的心，隨風如白雲般漂泊，安閒自在，任意舒捲，隨時隨地，隨心而安。

正如寒山詩偈中「不繫舟」的意境，與老莊的順水推舟的自然安適遙相呼應。登上這葉不繫舟，就能讓生命感受隨遇而安的大自在，超脫繁雜的塵俗纏繞，獲得生命的大飛揚。

說起來容易，可是我們這些俗世中人，怎麼達到禪者的適性隨流、隨遇而安的高遠境界呢？

南懷瑾先生說，不管學佛不學佛，一個人想做到隨時安然

而住是非常困難的。有一句俗語「隨遇而安」，安與住一樣，但是人不能做到隨遇而安，因為人不滿足自己、不滿足現實，永遠不滿足，永遠在追求莫名其妙的東西。

理由可以講很多，追求事業，甚至於有些人說是為了追求人生，學哲學的人說為了追求真理。你說真理賣多少錢一斤？他說講不出來價錢。真理也是個空洞的名詞，你說人生有什麼價值？這個都是人為的藉口，所以說在人生過程中，「隨遇而安」是很難的。

可見，隨遇而安是很難學會，甚至是學不來的。宇宙間萬事萬物皆有其自身的規律，水在流淌的時候是不會去選擇道路的；樹在風中搖擺時是自由自在的，因為這是蒼天大地賦予的順其自然之奧義。奧義不奧，我們即使從小小的草籽中也能得著這樣美妙的啟示：

三伏天，禪院的草地枯黃了一大片。

「快撒點草種子吧，好難看啊！」小和尚說。

「等天涼了，」師父揮揮手，「隨時。」

中秋，師父買了一包草籽，叫小和尚去播種。秋風起，草籽邊撒邊飄。

「不好了，好多種子被風吹飛了。」小和尚喊。

「沒關係，吹走的多半是空的，撒下去也發不了芽。」師父說，「隨性。」

撒完種子，跟著就有幾隻小鳥來啄食。

「要命了！種子都被鳥吃了。」小和尚急得跳腳。

「沒關係，種子多，吃不完，」師父說，「隨遇。」

半夜一陣驟雨，小和尚早晨衝進禪房。

「師父！這下真完了。好多草籽被雨沖走了。」

「沖到哪兒，就在哪兒發，」師父說，「隨緣。」

一個星期過去。原本光禿的地面，居然長出許多青翠的草苗。一些原來沒播種的角落，也泛出了綠意。

小和尚高興得直拍手。師父點頭，「隨喜。」

俗語說：老和尚唸經句句是真，直入人心。

這隨口說出的五隨，足以見得他滿是淡定超然的禪意。世間一切皆佛法，順其自然就是靜靜等待大自然的時機，放心接受蒼天大地、雨露陽光的滋養。

我們若看待自己的命運像小和尚的師父對待草籽一樣，我們的生命就會輕鬆隨性，收穫意想不到的大充實。

人活於天地之間，常常為生計所迫，東奔西走，艱辛勞碌，能做到雲水隨緣者又有幾？更莫奢談逍遙自在了。

有一次，雪峰和巖頭兩位禪師一起出外雲遊，當他們來到湖南龜山時，不巧遇上大雪封路，他們只得在山洞裡停留。巖頭整天除了閒逛，便是睡覺；雪峰總是在坐禪。

第十章　行雲流水快活人生

有一天，雪峰想把巖頭喚醒，叫道：「師兄，快起來。」

巖頭問道：「起來做什麼？」

雪峰說道：「我們到這裡，不能前進。可是你也不能停止修行，只是睡覺。」

巖頭喝道：「去睡你的覺吧！」

雪峰指著自己的胸口，說道：「我這裡還不夠穩定。」

巖頭說道：「那就把你所困惑的通通告訴我。」

雪峰敘述道：「我在監管禪師那裡，得以入門；在讀了洞山的悟道偈後，有所感悟；但是問師父（德山）最上宗乘之事，師父卻打了一棒說：『你說些什麼？』」

巖頭聽後，便說道：「你沒有聽過嗎？從門入者，不是家珍。」

雪峰迫不及待地問道：「今後我該怎麼辦呢？」

巖頭答道：「一切言行從胸襟中流出，頂天立地而行。」

此話一出，雪峰徹悟。

釋迦牟尼佛曾如是說：佛死就如同蠟燭熄滅，蠟燭的光到什麼地方去了，佛死後就會到什麼地方。這和火焰熄滅是同樣的道理，佛死了，他就消滅了。他是整體的一個部分，他和整體共存亡。不要關心佛死後會去哪裡，他去哪裡並不重要，重要的是如何成佛。等到你們頓悟的時候，你們就不會再追問這樣的問題了。

有弟子問洞山良价：「寒暑到來時，如何迴避？」

洞山回答：「可以到沒有寒暑的地方。」

弟子又問：「哪裡是沒有寒暑的地方？」

洞山回答：「寒時化為寒涼，熱時化為酷暑。真可謂：安禪不必須山水，滅卻心頭火自涼。」

的確，我們無須妄念紛紛，困惑百出，只要胸襟光明寬闊，坦坦蕩蕩，隨緣任運，與天地精神獨往來，做一名俯仰無愧的行遊者，生死也可隨它去吧。

這也正是老和尚之「五隨」草籽給我們的啟示錄：隨，不是跟隨，是順其自然。不怨懟、不躁進、不過度、不強求。隨，不是隨便，是把握機緣。不悲觀、不刻板、不慌亂、不忘形。

一住寒山萬事休，更無雜念掛心頭；

閒於石壁題詩句，任運還同不繫舟。

——唐·寒山

找回自己的本真個性

快樂不是大笑不止、嘻嘻哈哈，恰恰相反，感動到極點的時候，會流下幸福的熱淚。

南懷瑾先生說：「學佛修道的人，在自己的自性清淨面快

要現前的時候,自然會涕淚悲泣,這是自然的現象,否則就是一個瘋子了。」當這個人性自然的清淨面——所謂本性、本來的面目呈現的時候,自己有無比的歡喜,但是找不到歡喜的痕跡,自然會哭起來。而你問他哭什麼,他並不傷心,而是自然的、天性的流露。等於說,自己失掉的東西忽然找到了,那個時候就有無比的歡喜,但是也沒有歡喜的意思,是自然涕淚悲泣的感受。

有一天,懷海禪師陪馬祖道一散步,聽到野鴨的叫聲,馬祖道一問:「是什麼聲音?」

「野鴨的叫聲。」

過了好久,馬祖道一又問:「剛才的聲音哪裡去了?」

懷海答:「飛過去了。」

馬祖道一回過頭來,用力擰著懷海的鼻子,懷海痛得大叫起來。

馬祖道一道:「再說飛過去!」

懷海一聽,立即醒悟,卻回到侍者宿舍裡痛哭起來。

同舍問:「你想父母了嗎?」

答:「不是。」

又問:「被人家罵了嗎?」

「也不是。」

「那你哭什麼?」

懷海說：「我的鼻子被馬祖師父撐痛了，痛得不行。」

同舍問：「有什麼機緣不契合嗎？」

懷海說：「你去問馬祖師父吧。」

同舍就去問馬祖道一：「懷海禪師有什麼機緣不契合？他在宿舍裡哭。請馬祖師父對我說說。」

馬祖道一說：「他已經悟了，你自己去問他。」

他回到宿舍後，說：「馬祖師父說你悟了，叫我來問你。」

懷海呵呵大笑。

同舍問：「剛才哭，現在為什麼卻笑？」

懷海說：「剛才哭，現在笑。」

同舍更迷惑不解。

每一個人在世俗的社會中薰染得久了，都會越來越世故，心靈的泉水就會越來越少，甚至乾涸。因此，那些能夠保持自己本真天性的人往往會擁有別人想像不到的幸福。幸福的極致往往是「喜極而泣」。

其實，學佛修道究竟在修些什麼呢？禪宗大師們告訴我們，學佛修道的目的無非是重新找到自己闊別已久的本真個性，那時候人就會不沾染任何俗世的目的，悠然地活在這平凡的人間，並在這平凡之中體悟到常人不能體悟到的美麗，流淚和歡笑又有什麼區別呢？

憶昔當年未悟時，一聲號角一聲悲；

如今枕上無閒夢，大小梅花一樣香。

―― 唐・孚上座

行雲流水，順其自然

順其自然是佛法，恢復本原亦是佛法。世間萬物皆有其自身的規律，水在流淌的時候是不會去選擇道路的；樹在風中搖擺時是自由自在的，它們都懂得順其自然的道理。

南懷瑾先生指出，在人生歷程中，順其自然其實是我們很難做到的。

無德禪師一直在四處行腳漂泊，一天經過佛光禪師那裡，便去拜訪他。

佛光禪師惋惜地說：「你是一位很有名的禪者，為什麼那麼辛苦地四處奔波，不找一個地方隱居起來呢？」

無德禪師無可奈何地答道：「我也想隱居，可是我拿不定主意，請問究竟哪裡才是我的隱居之處呢？」

佛光禪師不客氣地指出：「你雖然是一位很好的長老禪師，可是卻連隱居之處都不知道？！」

無德禪師開玩笑說：「我騎了三十年馬，不料今天竟被驢子

摔下來。」

意思是說我三十年來見過不少大風大浪，今天卻被你難住了。於是無德禪師就在佛光禪師這裡住了下來。

有一天，有一個學僧問道：「我想離開佛教義學，可以嗎？請禪師幫我抉擇一下。」

無德禪師告訴他道：「如果是那樣的人，當然可以了。」

學僧剛要禮拜，無德禪師卻攔住他說：「你問得很好，問得很好。」

學僧道：「我本想請教禪師，可是我還沒有……」

無德禪師打斷道：「我今天不回答。」

學僧執著地問：「乾淨得一塵不染時又怎麼辦呢？」

無德禪師答道：「我這個地方不留那種客人。」

學僧在問：「禪師，什麼是您特別的家風？」

無德禪師說：「我不告訴你。」

學僧不滿地責問道：「您為什麼不告訴我呢？」

無德禪師斬釘截鐵地答道：「這就是我的家風。」

學僧更加不滿了，譏諷道：「您的家風就是沒有一句話嗎？」

無德禪師無奈地隨口說道：「打坐！」

學僧頂撞道：「街上的乞丐不都在坐著嗎？」

無德禪師拿出一枚銅錢給學僧。學僧終於醒悟。

第十章　行雲流水快活人生

　　無德禪師再見佛光禪師，鄭重其事地說道：「我現在已找到隱居的地方，那就是當行腳的時候行腳，當隱居的時候隱居！」

　　無德禪師能夠當行腳時行腳，當隱居時隱居，正是順其自然、行雲流水般生活狀態的生動體現。

　　雲門問僧徒：「我不問你們十五月圓以前如何，我只問十五日以後如何？」

　　僧徒：「不知道。」

　　雲門：「日日是好日。」

　　「春有百花秋有月，夏有涼風冬有雪。若無閒事掛心頭，便是人間好時節。」

　　有人問：「什麼是道？」

　　雲門答：「去。」

　　「什麼是禪？」

　　雲門答：「是。」

　　「生死到來時，如何迴避？」

　　雲門雙手一攤說：「還我生死來。」

　　「父母不同意不能出家，那怎樣才能出家？」

　　雲門答：「淺。」

　　那人又道：「學生不懂？」

　　雲門就道：「深。」

一僧問：「雲門劍是什麼？」

雲門答：「祖。」

「玄中靶怎麼樣？」

雲門答：「著。」

「什麼是雲門一路？」

雲門答：「親。」

有人問：「殺父殺母可以在佛前懺悔。殺佛殺祖，在什麼地方懺悔呢？」

雲門答：「露。」

「什麼是啐啄之機？」

雲門答：「響。」

雲門接引學人，常常用一個字，乾淨利落，斬斷糾葛，使學人無路可通，無機可接，直接打開醒悟之門。當時稱之為「雲門一字關。」

雲門三句萬事萬物的道理是：涵蓋乾坤、截斷眾流、隨波逐流。真理無所不在，涵蓋在整個宇宙的萬物之中。但是每一個個體，都有它的獨有的個性，都是獨一無二的。個體與這個世界是絲絲相扣的，是與世俗相處、隨波逐流的。

文道是個雲水僧，因久仰慧薰禪師的道風，故跋山涉水不遠千里地來到禪師居住的洞窟前，說道：「末學文道，素仰禪師

的高風，專程來親近、隨侍，請和尚慈悲開示！」

時已晚，慧薰禪師就說：「日暮了，就此一宿吧！」

文道醒來時，慧薰禪師早已起身，並已將粥煮好了，用餐時，洞中並沒有多餘的碗可供文道用餐，慧薰禪師就隨手在洞外拿了一個骷髏頭，盛粥給文道。

文道躊躇，不知是否要接時，慧薰禪師說：「你無道心，非真正為法而來，你以淨穢和憎愛的忘情處世接物，如何能得道呢？」

善惡、是非、得失、淨穢，這是從分別心所認知的世界，真正的道，不思善、不思惡、不在淨、不在穢，文道的憎愛之念、拒受之情，當然要被喝斥為無道心了。

滄溟幾度變桑田，唯有虛空獨湛然。

已到岸人休戀筏，未曾度者要須船。

—— 唐・龜山正原

一切隨緣，淡看生死

南懷瑾先生講《金剛經》「第六品」時說，「知萬像一毛輕」，宇宙萬有在莊子的觀念中是，「天地一指；萬物一馬。」這個天地就是這一指，整個宇宙萬有也就是這一指，就是這麼一點；

萬象萬物就是這麼一馬,整個的宇宙萬有像一匹馬一樣,有馬頭,有馬尾,有馬毛,所以說宇宙萬有輕如鴻毛。

生命本無所謂重或輕,重於泰山,輕於鴻毛,只是相對而論。舉重若輕、舉輕若重,我們才能逍遙自在、隨心而安。

法眼文益禪師在慶輝禪師那裡參禪的時候,始終不能契悟入道。於是乎,他辭別慶輝禪師,開始雲遊四方。

有一次下大雨,他在途中的一座地藏院掛單,寺裡的知客師問他:「禪師你要往哪裡去啊?」

法眼禪師回答:「我沒有什麼目的,只是隨便走走罷了。」

知客師問:「你對這種四方來去的雲遊方式,有什麼感受呢?」

法眼禪師回答:「雲水隨緣。」

知客師讚嘆說:「雲水隨緣這話最逍遙自在了啊!」

法眼禪師聽了之後,對什麼是逍遙自在頓時有所感悟。

原來他自己一直在隨緣隨性的生活中而不自覺,經旁觀者知客師的點化,才瞭然於心。雲遊的生涯就是看淡生死的坦然。

後唐保福禪師將要辭世圓寂時,向大眾說道:「我近來氣力不繼,大概世緣時限就快到了。」

弟子們聽後,紛紛說道:「師父法體仍很健康」、「弟子們仍需師父指導」、「要求師父常住世間為眾生說法」,種種請求不一。

第十章　行雲流水快活人生

其中有一位弟子問道:「時限若已到時,禪師是去好呢?還是留住好?」

保福禪師表情非常安詳,用非常親切的口吻反問道:「你說是怎麼樣才好呢?」

這個弟子毫不考慮地答道:「生也好,死也好,一切隨緣任它去好了。」

禪師哈哈一笑說道:「我心裡要講的話,不知什麼時候都被你偷聽去了。」

言訖跏趺圓寂。

南懷瑾先生說,學佛的人都想了生死,怎麼樣是真正的了生死呢?其實本無生死之可了,那才能夠了生死。

弟子問神山僧密禪師:「請師父談一談生死之事。」

僧密禪師說:「你什麼時候死過?」

弟子說:「我不曾死過,也不會,請師父明示。」

僧密禪師說:「你既不曾死過,又不會,那麼,只有親自死一回方能知道死是怎麼一回事。」

既不曾死過,又不會死,硬要談「死」,必是信口開河,胡言亂語。故而僧密禪師要弟子親自死一回,便可知道死的奧妙了。

而真正死過的人,還如何說得出關於死的奧祕?

所以,世界上至今恐怕也沒有真正的關於死的體驗可言,

如果說有，一定是欺人之談，絕不可信。

普化禪師在臨濟禪師座下。有一天，他在街上向人乞求法衣的布施，信者用上好的袈裟給他，但是他卻不接受。

有人把此事報告給了臨濟禪師，臨濟就買了一口棺材送他，普化非常歡喜地說道：「我的衣服買回來了。」

普化立刻扛起了棺材，跑到街上大聲叫著說道：「臨濟為我做了一件法衣，我可以穿它去死了，明天上午，我要死在東門。」

第二天，普化準時扛著棺材到了東門，一看，人山人海，都想來看此一怪事，普化對大家說：「今天看熱鬧的人太多，不好死，明天去南門死。」

如此經過三天之後，由南門而西門，由西門而北門，再也無人相信普化禪師的話，大家說：「我們都被普化騙了，一個好端端的人，哪裡說死就死？再也不要上他的當了。」

到了第四天，普化扛了棺材至北門，一看，沒有幾個看熱鬧的人，就非常歡喜地說道：「你們非常有耐心，東南西北，都不怕辛苦，我現在可以死給你們看了。」

說罷，普化進入棺材，自己蓋好，就無聲息了。

普化禪師真是看透生死，有點視死如歸的大無畏境界。而且，將死亡作為對看客幽默的絕好素材，不亦快哉？！

玄沙禪師在路上遇見雪峰禪師，雪峰禪師問道：「有一個遠道而來的僧人，昨天不幸去世了，我心裡感到幾分悲哀。這讓

第十章　行雲流水快活人生

我想起前幾天有人問我的問題。」

玄沙問道：「什麼問題？」

雪峰禪師說道：「他問我，人死後怎麼樣了？」

玄沙問道：「你怎麼回答的？」

雪峰禪師說道：「我對他說：『人死亡後，如冰歸水。』」

玄沙轉過身，望著黝黯的夜空，說道：「哦，這樣說有一定的道理，可是我不這麼認為，但是你的回答給了我很大的啟示。」

雪峰問道：「那你該怎麼回答呢？」

玄沙低頭合十，說道：「人死亡後，如水歸水。」

雪峰聽完，萬分敬佩。

第二天，有個和尚問玄沙道：「我的真正生命是什麼？」

玄沙冷漠地答道：「你要你真正的生命做什麼？」

真生命是不畏懼死亡的，死亡不是寂滅，而是進入另一輪生命的開始。君不聞，龔定盦有詩云「落紅不是無情物，化作春泥更護花」？

生命就是一顆種子，若不掉在地裡死了，就不能結出新的籽粒來。本無生死可了，又做什麼出死入生、了生入死的徒勞呢？生死只是一個懸隔，就雲水隨緣，由他去吧。

行到水窮處,坐看雲起時。
偶然值林叟,談笑無還期。

——唐·王維

國家圖書館出版品預行編目資料

解讀南懷瑾人生與內心的禪意旅程：隨順天地萬物，隨南懷瑾以禪意直面生命無常，活出自在與和諧 / 金文 著. -- 第一版. -- 臺北市：財經錢線文化事業有限公司, 2025.01
面； 公分
POD 版
ISBN 978-626-408-139-9(平裝)
1.CST: 禪宗 2.CST: 人生哲學
226.65　　113020626

電子書購買

爽讀 APP

解讀南懷瑾人生與內心的禪意旅程：隨順天地萬物，隨南懷瑾以禪意直面生命無常，活出自在與和諧

臉書

作　　者：金文
責任編輯：高惠娟
發　行　人：黃振庭
出　　版：財經錢線文化事業有限公司
發　行　者：崧燁文化事業有限公司
E - m a i l：sonbookservice@gmail.com
粉　絲　頁：https://www.facebook.com/sonbookss/
網　　址：https://sonbook.net/
地　　址：台北市中正區重慶南路一段 61 號 8 樓
8F., No.61, Sec. 1, Chongqing S. Rd., Zhongzheng Dist., Taipei City 100, Taiwan
電　　話：(02) 2370-3310　　傳　　真：(02) 2388-1990
印　　刷：京峯數位服務有限公司
律師顧問：廣華律師事務所 張珮琦律師

-版權聲明----

本書版權為樂律文化所有授權財經錢線文化事業有限公司獨家發行電子書及紙本書。
若有其他相關權利及授權需求請與本公司聯繫。
未經書面許可，不可複製、發行。

定　　價：375 元
發行日期：2025 年 01 月第一版
◎本書以 POD 印製